现代企业伦理研究

路洪燕　李俊梅　著

北京工业大学出版社

图书在版编目（CIP）数据

现代企业伦理研究 / 路洪燕，李俊梅著． -- 北京：北京工业大学出版社，2018.12（2021.5 重印）
　ISBN 978-7-5639-6697-4

　Ⅰ．①现… Ⅱ．①路… ②李… Ⅲ．①企业伦理—研究 Ⅳ．①F270-05

中国版本图书馆 CIP 数据核字（2019）第 024467 号

现代企业伦理研究

著　　者：路洪燕　李俊梅
责任编辑：张　贤
封面设计：点墨轩阁
出版发行：北京工业大学出版社
　　　　　（北京市朝阳区平乐园 100 号　邮编：100124）
　　　　　010-67391722（传真）　bgdcbs@sina.com
经销单位：全国各地新华书店
承印单位：三河市明华印务有限公司
开　　本：787 毫米 ×1092 毫米　1/16
印　　张：10.75
字　　数：215 千字
版　　次：2018 年 12 月第 1 版
印　　次：2021 年 5 月第 2 次印刷
标准书号：ISBN 978-7-5639-6697-4
定　　价：48.00 元

前　言

　　伴随经济全球化时代的到来以及知识经济的出现，市场经济发生了令人瞩目的变化，这就要求企业必须重新审视当前时期的市场经济新特征，以找到一种能够适应新时代要求的经济增长方式。作为经济人与道德人统一体的企业，自然承担着推动社会经济发展与社会道德发展的双重使命，此两者乃企业所必须承担的社会责任。在市场经济条件下，企业作为具有独立法人财产权、自主经营和自负盈亏的经济实体，必然要与外部和内部发生各种利益关系，这些利益关系中也包含着各种伦理关系。企业伦理是企业在长期的生产经营实践活动中，涵盖企业内外部道德关系而形成的企业特有的伦理理念、伦理观念、价值目标、道德意识、道德规范、道德精神、道德传统及道德实践的总和。企业伦理可以提升企业的核心竞争力和凝聚力，是企业的无形资产，是企业发展的不竭之源，也是企业实现可持续发展的必由之路。以伦理道德为思想基础推进企业伦理建设是管理发展的需要，是提升企业竞争力的需要，是加强社会主义精神文明建设的需要。企业的伦理道德建设，任重而道远，它不仅需要理论层面上的进一步研究和探讨，还需要强化企业于日常经营管理过程中的各项实践。

　　在竞争激烈、瞬息万变的市场经济社会中，利润关系到每一个企业的命运。因此，有的经营者为了追求利润，为了实现利润的最大化，不惜采取各种非道德甚至非法途径去达到目的，如假冒仿制、欺诈行骗、行业垄断、非人性化，以及肆意破坏生态和浪费资源等不正当行为，这种违背伦理道德的行为既扰乱了市场秩序，危害社会，也制约企业自身的发展，甚至影响企业的生存。企业伦理道德的建设问题，不但要受到企业的重视，更应引起全社会的关心与关注。

　　本书首先就企业伦理的含义、原则及内容等做了相关概述，并分别对建设企业伦理的必要性和重要性进行了阐述；其次介绍了元伦理学的一般理论对现代企业伦理实践的启迪；最后将儒家的生态观、领导观和社会交往观分别与现代企业的生态环境管理伦理、竞合战略管理伦理以及领导伦理结合起来做了论述，以期对现代企业伦理的实践提供相应指导。

在撰写本书的过程中，笔者倾注了大量的心血，但时间仓促，笔者水平有限，疏漏和不妥之处在所难免，希望广大读者能够提出修改意见，以便今后补充和修正。

著　者

2018 年 8 月

目　录

第一章 企业伦理概述

　　一个国家的繁荣昌盛与企业的强大密切相关，从全球范围来看，随着人们对节能环保、消费者权益意识的逐渐增强，许多国家对企业的社会责任日趋关注。现有的世界五百强企业都拥有企业伦理行为规范，其良好的企业伦理规范和崇高的社会责任意识已成为企业宝贵的无形资产，并内化为企业持续发展的动力。在当前全球经济一体化的背景下，西方企业不仅拥有技术、资金等硬件优势，也拥有企业文化、企业伦理等软件优势，他们在伦理经营、建设方面所形成的一系列商业化模式已成为推动企业长足发展的动力源泉。在西方发达国家，公民热衷于关注社会问题，社会责任标准（Social Accountability 8000 Internationgal Standard，SA8000）作为全球首个企业社会责任的认证标准，从 2001 年实施以来，经过 10 年的运作已经得到欧美国家的认可，并已逐渐推及至发展中国家的出口企业，成为全社会所公认的企业行为准则。在社会转型期，企业作为社会经济的细胞，在加快发展的过程中，也出现了许多企业伦理问题，如行贿受贿、假冒伪劣、偷税漏税、商业欺诈、做虚假广告、不正当竞争、偷盗商业秘密、垄断价格等，重合同、守信誉更多地停留在表面的承诺，三鹿毒奶粉、南京冠生园、煤企矿难频发等这些新情况给企业的可持续发展提出了新的挑战。

第一节　企业伦理的含义

　　说起企业伦理，它是一个古老而又时新的话题。自有人类交易活动以来，不管我们是否承认，伦理是无时不存在的。在春秋战国时期，儒家思想家孔子、孟子等，就针对义与利，阐述了经济与伦理的关系。公平交易、见利忘义、童叟无欺等经营箴言传承至今，成为中华民族传统优秀文化的重要组成部分。我国建立社会主义社会后，爱国主义、集体主义、艰苦奋斗、为人民服务等思想成为社会主义道德的价值核心、原则规范，也成为企业伦理建设的重要内容。改革开放后，经济发展取得了举世瞩目的成就，但同时也伴随着许多伦理问题，如拖欠工资、环境污染、贫富差距日渐悬殊等，其中最引人注目的是假冒伪劣产品泛滥、诚信丧失、贿赂成风。这些不伦理的现象不仅侵犯了广大消费者的利益，引起了各种社会矛盾和普遍的不满情绪，逐渐酿成社会不稳定的一个重要因素，这些问题也迫使人们深思工商活动与伦理的关系。在了解企业伦理的含义之前，首先来介绍伦理的概念。

一、伦理

在西方，"伦理"一词英语为 Ethics。在荷马时代，这个词表示驻地或公共场所。在早期古希腊哲学家中曾作为专门术语，用于表示现象的本质或实质。它原先仅仅只是体现西方国家文化传统的一种语言遗产，指对这种道德规范的严密方法性思考。在中国，伦理一词见于《礼记·乐记》。《礼记·乐记》云："乐者通伦理者也。"郑玄注："伦，类也。理，分也。"这里所谓伦理泛指伦类条理，尚非今日所谓伦理。东汉文字学家许慎在《说文解字》中，则从文字上解释"伦"字，从人从仑，仑字有"思虑""条理"等意，加上以人作为偏旁，便蕴涵着人与人之间应有之理的意思。因此，简而言之，在我们汉语中"伦"指人际关系中的秩序、长幼、尊卑、高低等，故有"人伦"一说；"理"指道理、规律和原则。伦理合称则指人与人相处应当遵守的道理，或者说处理人与人之间相互关系的道理。

二、企业伦理

20 世纪 70 年代，企业伦理学作为一门学科在美国开始形成。80 年代后期自成一体，常在西方的管理学教科书中与企业社会责任合为一章内容出现。到 90 年代，已有越来越多的企业家和伦理学家认为，研究企业伦理将成为现在及未来企业管理的一个重要特征。顾名思义，企业伦理是企业与伦理、道德的有机统一。美国学者刘易斯在 1985 年对 254 种相关企业伦理的文章、教材和专著进行分析，并对部分企业界人士进行抽样调查后指出，人们对"企业伦理"这个术语下的定义达 308 种之多。其中大多数人把企业伦理等同于企业活动的规范、标准、企业的社会责任、企业习俗、美德、权利和义务等。刘易斯基于此总结了一个较具普遍性的定义：企业伦理是为企业及其员工在具体情境中的行为道德提供指南的各种规则、标准、规范或原则。而美籍华人学者成中英教授认为，"企业伦理是指任何商业团体或机构以合法手段从事营利时所应遵守的伦理规则。"

我国对企业伦理的研究还处于初始发展时期，对企业伦理的定义众说纷纭，至今尚无统一公认的定义。有学者认为"企业伦理是指企业从事活动时所遵循的道德原则和规范"。华东师范大学朱贻庭认为"企业伦理是以企业为行为主体，以企业经营管理的伦理理念为核心，企业在处理内、外关系中的伦理原则、道德规范及其实践的总和"。王小锡教授则认为"企业伦理即企业道德，它是指在企业经济活动中完善企业员工素质和协调企业内外部关系的善恶价值取向及其应该不应该的行为规范"。上述对企业伦理的定义分别从企业伦理准则层面和企业伦理结构层面来进行，虽然角度不同，但实际是一致的，并不矛盾。

三、现代企业伦理

现代企业也称现代公司，是在社会化大生产和充分发展的商品经济的基础上形成的现代企业组织，其典型形式为有限责任公司和股份有限公司。现代企业是依照法律规定，由股东出资设立的以营利为目的的社团法人。换句话说，它是按照一定组织形式组成的，以营利为目的，从事商业活动的经济实体。公司制企业之所以能称为现代企业，是因为公司制是一种比独资企业和合伙制企业更适合现代社会化大生产方式，更有利于企业资源有效整合的制度形式。

现代企业的主要特征有以下几点。一是产权关系明晰化。其基本特征是企业的资产所有权与企业的资产控制权、经营决策权、经济活动的组织管理权相分离。二是企业地位法人化。现代企业制度必须是真正的法人财产权，企业应是人格化的经济组织，成为独立的商品生产者和经营者。三是出资者责任有限化。这是所有出资人都只在出资范围内对公司负有限的清偿责任，消除了传统企业下企业规模受制于企业主与合伙人对出资需受无限连带责任的担忧。四是政企关系合理化。现代企业的要求建立适应社会化大生产和市场经济要求的产权明晰、权责明确、政企分开、管理科学的一种新型企业制度，使企业真正成为自主经营、自负盈亏、自我发展和自我约束的市场竞争主体和法人实体。这就促使政府职能的转变，进一步理顺了政府与企业的关系。五是管理体制科学化。建立科学的组织管理制度和企业领导体制，发挥董事会、监事会、股东大会和职业经理人的相互制衡关系，更加致力于企业文化建设，视企业文化为企业管理的最高境界。

现代企业伦理是调整企业内部人际关系和企业与外部关系的行为规范的总和。它实际上也是一种责任伦理，主要是指企业各项经营活动在寻求平衡企业经济效益与社会效益的过程中，选择"应当"的行为，特别重视处理企业与社会的互动关系，承担起为社会的繁荣和发展所负有的不可推卸的伦理责任，把在公众中树立良好的形象作为企业的生命。与传统企业伦理相比，现代企业伦理具有更高的企业伦理规范要求，主要表现为：公平正义、竞争合作、诚实守信、创新进取、保护环境等。

第二节　企业伦理建设的必要性

一、企业伦理建设势在必行

2001 年 11 月，安然公司向美国证券交易委员会提交文件，承认做了假账，12 月正式向法院申请财产保护，其破产金额高达 498 亿美元，成为美国历史上最大的破产企业；2002 年，世通公司又出现财务丑闻。一系列恶劣事件震撼了美国及全球企业界。在中国曾屡次创造利润神化，一度号称"中国第一蓝筹股"——ST 银广厦，因伪造经营业绩、虚报财务报表而受到中国证券监督管理委员会（以下简称证监会）的处罚。由此可见，企业伦理问题已经受到全世界的广泛关注，引起全社会的激烈讨论，已经成为我们不得不去正视的伦理问题。

（一）企业长久发展需要企业伦理

在竞争激烈、瞬息万变的市场经济社会，利润关系到每一个企业的命运。为了追求利润，有的经营者不把经营事业的目光放在"永续经营"上，而着眼于"短线操作"，不惜采取各种非法途径去达到目的。假冒仿制、欺诈行骗、商业贿赂、行业垄断等不正当竞争行为，犹如商海里的一股股逆流，既扰乱了市场秩序，也使企业掉入火坑、万劫不复。

企业伦理是企业在处理企业内部员工之间、企业与社会之间、企业与环境之间关系的行为规范的总和。无视伦理准则，违反法律法规，不讲公众意识的不正当竞争不仅损害了诚实经营者和广大消费者的权益，企业本身也失去了公众的信任。从这个意义上讲，不正当的市场竞争永远没有赢家。20世纪70年代起，在美国、西欧、日本的一些先进的企业，就已经在组织内部建立起严格的伦理制度和监管制度，企业不再认为企业的竞争是赤裸裸的斗争，不再认为打垮对手就是赢得了自己。这些认识，促使企业改变旧有观念，把企业定位在追求利润与推动良性的社会变迁上，以求企业长久发展。他们的成功经验说明兼顾企业伦理与企业的生存绝非不可能，伦理是企业赖以生存的基础，有了它，企业才可能发展和壮大。

（二）经济全球化需要企业伦理

信息社会、经济全球化的到来，引起了人们对精神需求、生态环境以及社会经济责任的深切关注。社会历史条件的变化是企业伦理管理兴起的客观原因。阿尔温·托夫勒在《第三次浪潮》中把人类文明史归纳为三次浪潮，在第二次浪潮（工业时代）中，企业重物质而轻精神，重眼前而轻长远，重竞争而轻合作。而第三次浪潮中的企业已经觉察出这些问题的存在，并加以改变。社会发展已经昭示了信息社会中企业的特征：企业将担负起强有力的领导角色，企业的所作所为将对整个人类产生莫大的影响。企业能否在未来世界中生存，取决于能否改善自己，以有效地满足人们和社会的需要。换言之，企业尤其是优秀企业面临的主要是伦理问题。在信息时代，人们的精神需求更强烈，道德力量的作用更强大，社会的伦理化趋势更明显。在一系列深层次变革中，企业作为社会经济运行最主要的微观主体之一，必然要受到自然环境、社会环境、信息领域、新的社会伦理规范的伦理化挑战。在此背景下，企业不仅要追求经济效益，更要承担起保护自然环境的责任，具备应有的生态伦理意识，在制定重大策略时要考虑其所涉及的环境可持续发展问题；企业必须对产品主动承担经济责任和社会责任，要正确地向社会公众说明其产品的安全性、社会影响、环境致毒性、重复实用性和回收性等问题；企业必须向公众发布真实的信息来获取更多的理解和支持。

在经济全球化的条件下，信息时代的企业既是有形经济的生产者，又是无形信息的生产者；既要讲求经济效益，还要追求社会效益。因此，企业的责任由经济责任扩大到包括环境责任、社会责任、信息责任等在内的广阔范围。企业的任何行为，不仅具有经济意义，同时也具有道德意义。在经济全球化的条件下，信息时代的企业，既是经济后果的生产者，也是道德后果的生产者。所有这些决定了企业伦理管理在企业发展中的重要性。

（三）社会协调发展需要企业伦理

企业伦理是社会主义精神文明的重要组成部分，是社会主义思想道德体系中不可或缺的有机组成部分，是整个社会思想道德建设的先导。企业作为社会经济生活的主体，其在精神文明建设中担负着重要的任务。企业伦理可以使企业超越自身利益的狭隘眼界，正确解决企业在社会中的定位问题，看到社会的整体利益和长远利益，看到人的发展和社会的需要，人类持续发展的需要，从而正确处理企业发展与社会进步、环境保护之间的关系，努力兼顾经济效益、社会效益、环境效益，实现企业和社会、环境之间的协调发展。同时，伦理建设不仅可以提高企业遵守和执行国家法律、法规的自觉性，而且可以弥补法律、法规之不足，使企业以一种自律的形式从国家和社会的全局与长远利益的角度规范自己的行为。例如，戴维·J.弗里切认为，无论是从宏观角度还是从微观角度上讲，道德的行为都是商业长期成功所必需的。宏观理论主要考察伦理学在经济体系中的重要性，不道德行为会扭曲市场体系，导致资源配置低下。微观理论考察伦理学对单个企业的重要性，不道德行为会导致长期经营成果下降。

二、企业伦理责任的重要功能

全社会关注管理与伦理之间的联系，并将管理的伦理问题在"管理伦理"的名称下加以专门的研究，这主要是最近一、二十年的事。管理伦理问题最初围绕企业的社会责任进行广泛的研究，"利润先于伦理"还是"伦理先于利润"，企业是否具有道德地位，进而扩展到企业同有关的环境、社会，包括经济制度和政策方面的伦理问题的研究。与理论发展并行的是企业伦理实践的发展，以美国学者大卫·施沃伦为代表的"企业社会责任运动"的倡导者则试图从有机整体概念出发用一种"双赢"思想，超越二元对立思维，主张兼顾企业、员工、社会共同体和环境的利益。"企业社会责任运动"以儒家的"己所不欲，勿施于人"为信条，强调"设身处地替他人想一想"的理念。它不仅是一种理念，也是一种实践。虽然在当代西方，传统的以竞争为特征，以营利为目的的实践依然很强势，但越来越多的企业开始接受这样一种具有社会责任感的企业实践。企业伦理责任具有其特有的功能，主要表现在以下几方面。

（一）有利于提高企业的凝聚力、战斗力

随着知识经济的到来，员工越来越成为企业形成竞争优势和可持续发展的关键，企业对伦理责任的重视和是否按伦理责任行事对员工会产生很大的影响。根据心理契约理论，员工与企业确定正式的劳动合同之外，还会形成自己的心理契约。员工的心理契约受到很多因素的影响。除了正式合同中的条款外，企业的各种行为都是影响员工心理契约的重要因素。如果员工感觉到企业勇于承担责任，讲究社会公德，公平地对待员工，尊重员工的人格和权利，对员工负责，员工就容易形成关系型的契约，员工对企业的信任感、归属感和忠诚度将大大增强。员工会感觉"有责任"回报企业，自发努力工作。在关系型心理契约下，员工将更重视与企业长期合作的关系，更愿意与企业长期共同发展，不过分看重短期物质利益。

（二）有利于树立良好的企业形象

企业伦理责任是一种无形投资，通过生产、分配、交换、消费诸环节渗透到社会的各个方面。从长远来看，符合道德标准的做法与日渐增多的利润是相一致的。首先，它可以提高社会合作的信赖度和生产效益。其次，信誉产品、诚信服务能够带来直接的、长远的经济效益。随着我国经济的持续增长，人民的生活水平不断提高，人们在购买决策的时候不仅考虑物质需要而且越来越多地考虑精神文化和伦理方面的因素，在基本的物质生活有保障后，人们更乐于接受具有社会责任感、重视消费权益的产品。因此，在一个讲道德、讲伦理、讲文明、讲效益的社会市场中，企业的信誉、声誉是一种无形资本，从这个角度来看，企业的伦理形象、伦理素质最终将转化为企业的经济利益和收入，提高企业的经济效益。

（三）有利于维护社会的和谐稳定

市场经济是一种竞争经济，因而要有一套健全的法律法规作为"游戏规则"，来规范市场主体的竞争行为，反对限制不正当竞争。但法律不是万能的，加之虽然我国市场经济的法律体系已初步形成，却还远不够完善，客观上还存在很多法律漏洞或者法律的真空地带，在这种情况下，伦理的补充作用尤为重要。从近期来看，伦理责任是对企业行为的一种限制，但它从长远给全体带来被视为更多和更佳的行为可能性，最终为良好社会道德的形成，构建和谐社会起到积极的作用，是对法律法规的一种补充。

（四）有利于和企业国际化接轨

随着全球经济日益一体化，以及我国加入世界贸易组织（World Trade Organization，WTO），企业国际化是我国企业不能回避的问题。当代西方社会，企业伦理责任正从自发走向自觉，由他律走向自律。比起其他先进国家的企业，我国企业不太注重企业伦理责任问题。从某种意义上讲，重视企业伦理责任是企业国际化的必要条件。总之，企业伦理责任是企业和社会和谐发展的一个重要组成部分，因此我们必须加强企业伦理责任建设。

第三节　我国现代企业伦理建设的重要性

现代企业的存在离不开企业经营管理，它总是在一定的社会环境中进行的。作为社会的一个子系统，企业的生存、发展离不开社会这个大家庭。企业需要协调好与政府、社区、消费者等利益相关者的关系，取得他们的支持和信任；协调好企业与市场的关系，按市场需求来合理安排生产，实现资源利用的最优化；协调好与竞争对手的关系，化恶性竞争为良性竞争，实现两者的互利共赢。这些都离不开一定的经营思想的指引，而现代企业伦理是企业经营思想的核心和灵魂。在企业经营越来越全球化、现代化的今天，从美国安然公司做假账破产到世通公司的故伎重演，再到我国的ST银广厦伪造经营业绩、虚报财务报表而受到证监会的严厉处罚，这一系列触目惊心的事件震撼了全球企业界。企业伦理问题的重要性备受全世界的广泛关注，也引起了全社会的激烈讨论。它不仅关系到企业的持续发展，也关系到整个社会的和谐稳定。

一、企业伦理是企业文化的核心

在现代，影响企业发展、决定企业兴衰成败的因素日趋复杂化，但关键因素是企业文化，而企业伦理作为企业文化的核心要素，决定着企业的长足发展。因此，企业伦理看似无形实有形，它无时无处不在影响着企业。

第一，企业伦理决定企业文化的价值取向。企业文化是在一定的社会历史条件下，一个企业或一些经济组织长期形成而被公众普遍认同的价值观念、企业精神、行为准则、文化环境、产品品牌以及经营战略等的集合体，是一种凝聚人心以实现自我价值、提升企业竞争力的无形力量和资本。其实质是一种围绕企业经营管理为中心的经营性、竞争性文化，是企业的经营竞争哲学。而企业文化的核心是企业价值观、企业精神，其精髓是重视人性化管理，尊重人的独立人格，挖掘人的内在潜能和智慧，这些正是企业伦理建设的重要组成部分。例如，中国飞跃集团在发展中始终关注企业文化建设，形成以"艰苦创业"精神为核心，以"求实创新、服务社会、勇争一流"宗旨为内涵，始终贯穿"以人为本"的现代企业伦理价值取向，全面塑造具有国际竞争力的先进企业伦理文化。公司实现三步走目标：一是创造更加丰富的物质文化，以满足职工日益增长的物质文化需求；二是优化企业的制度文化，为促进企业长远发展保驾护航；三是强化"产业报国"，实现企业发展最高伦理理念，这种价值取向成为飞跃可持续发展的精神支柱。

第二，企业伦理决定企业文化的核心价值观。

企业伦理与企业文化联系紧密，虽然企业文化蕴含的内容要比企业伦理丰富得多，它既包括物质层面，如企业行为规范、行为准则等，也包括企业精神层面，像企业价值观、企业哲学等，但企业文化的精髓在于企业价值观。第一本以"企业文化"命名的著作是由美国哈佛大学教授泰伦斯·狄尔和爱伦·肯尼迪共同撰写的，他们认为，"企业文化是指企业成员共享的价值观念，以及大家共同遵守，并不用写在纸上的行为准则，而且有各种各样用来宣传、强化这些观念的仪式。"他们强调，企业价值观是企业"组织的基本观念及信念，它们构成企业文化的核心"。在仔细研究、分析认定企业文化是本企业之所以取得巨大成功的经验后，托马斯·J. 彼得斯和小罗伯特·H. 沃特曼在《成功之路》一书中认为"企业文化是由企业领导者积极倡导的，由企业领导和职工恪守的共同信念或共同价值观"。从以上几位学者对企业文化的界定都可以看出，他们一致认可企业文化的核心就是企业价值观。企业价值观不是单个人的价值观总和，而是企业探索的并为全体或大多数员工共同认可的价值观。从价值观本意看，主要有真假、善恶、美丑三个领域。一般来说，人们在评判真假美丑时常常会加进善恶观，即伦理观，它的形成和完善往往会受到这些日常细微伦理判断的影响。而企业价值观的核心是企业伦理观，优秀企业的成功经验都创造了各具特点的企业伦理，如美国的杜邦公司、德国的西门子公司及日本的松下公司，都说明这些百年企业的形成、发展与它们有一套成熟的、行之有效的企业伦理分不开。

二、企业伦理是企业核心竞争力的体现

企业的核心竞争力是企业赖以生存和发展的关键要素，企业的可持续发展取决于企业核心竞争力的不断提高。企业核心竞争力的本质是一种超越竞争对手的能力，它必须在产品市场上有竞争优势和价值，他人难以复制和效仿，是企业自身具备和独有的，不能轻易为其他的能力所取代的能力。而一个企业持怎样的伦理价值尺度，既影响到企业的生命周期，也对企业核心竞争力提高起着决定性的作用。

首先，企业伦理有利于使企业降本增效。重视伦理的企业在管理中会始终不渝地贯彻"以人为本"的伦理观念，强调在企业经营中塑造尊重、关心、公平的良好氛围，管理者也身先士卒，成为员工的道德表率。尊重让员工心里感到满足，促使其积极主动地去完成任务，关心让员工感到家一般的温暖，能激发员工对企业的忠诚度和责任感，从而能最大程度地发挥每位员工的内在潜能，有效地缓解企业内部关系紧张的局面，增进员工、上下级之间的信任，减少部门间相互推诿，员工间相互扯皮的不良现象，在一定程度上降低了管理成本。此外，我们说人才是企业最宝贵的财富，良好的企业伦理建设能为企业吸引、留住优秀人才。俗话说："禽择良木而栖。"现代企业的竞争归根结底就是人才的竞争，而优秀人才对于"栖身之地"常常会有更高的精神追求。如果一个企业对外搞坑蒙拐骗，对内缺乏公正、公平、公开的机制，则势必会发生外面的不敢来、里面的要跳槽的用人怪圈。所以吸引、留住优秀人才其实也是为企业增强核心竞争力，提高企业经济效益和社会效益的基础。

其次，企业伦理有利于提升企业客户忠诚度。客户是企业的衣食父母，忠诚客户更是企业基业长青的源泉和动力。企业树立"以客户需求为中心"的营销伦理观念，坚持从顾客的需求出发来考虑企业新产品的开发，坚持把提升客户服务水平融入日常经营，视日益增长的客户需求为今后改进工作的指南，而不是仅从自我的角度抱怨顾客过于挑剔，或者是出于功利目的达成交易作为经营的最终目标。同样，员工在为客户提供产品和服务时，要常常换位思考，努力从客户的需求出发，真情实感地为客户着想，从而使企业与客户的交往不仅仅停留在钱物交换，而是建立起一种互利共赢的伙伴关系。这样企业就能博得客户的认可，获得较高的满意度和忠诚度，企业自然会兴旺发达。

最后，企业伦理有利于树立企业品牌形象，创造商机。企业伦理在企业经营活动中的体现会使企业赢得社会公众和顾客的赞赏，树立起良好的企业

品牌形象，提高企业在公众心目中的美誉度，这无疑会成为企业的一笔宝贵的无形资产。另外，许多企业先前认为讲伦理是要以损失利润为代价的，而忽视了随着经济社会的发展，消费者对环境和生活质量的要求越来越高。因此，在经营过程中重视企业伦理能给企业带来意想不到的收益，获得新的商机。以美国杜邦公司为例，从 20 世纪 80 年代开始，杜邦公司一直坚持发展环保产品和设备，刚开始产品生产成本相比之下要高很多，但在 90 年代后，美国政府出台了新的环保标准和政策，单凭出售环保技术和设备就让公司获利颇丰，成为公司利润的一个新增长点。

三、企业伦理促进企业可持续发展

企业是市场经济的主体，是构成社会的细胞，要实现科学发展，实现可持续发展，企业伦理无疑发挥着重要作用。

首先，企业伦理促使企业更加重视以人为本。

人是现代企业可持续发展的最活跃因素，是企业中最宝贵的财富，尤其是全球经济一体化的发展，我国加入 WTO 之后，中国的社会主义市场经济更加活跃、更为规范，人们将以市场资源配置来处理各种利益关系。但无论哪种关系，都离不开人的主观能动性的发挥，都依赖以尊重、平等、互利共赢为基础，否则这类关系就难以持久。因此，"以人为本"的管理理念是企业持续发展的动力源泉，以人为本的核心含义就是把人纳入"彼此尊重、相互理解、互惠互利、协作发展"的价值范畴，而不是"纯粹为满足自己需要、实现自身目的"的工具范畴。人本伦理更加重视人的能动的一面，要认真贯彻尊重劳动、尊重知识、尊重人才、尊重创造的方针，营造和谐文化，充分发挥人的积极性和创造力。所以对企业来说，确立以人为本伦理观其实质就是"以职工为本"和"以人才为本"。对外表现在创造更好的工作环境，关心职工的生活，提供职工发展的平台，让企业成为其创业的平台，展示自我的舞台。在日常工作中，员工彼此之间建立互利互惠、平等相待、真诚交往的新型伙伴关系，竭力打造成能征善战的优秀团队。另外，就企业和客户而言，人本伦理要求在市场经济中做到以客户为本，从客户的需求出发，尊重和满足客户的要求，创造客户价值，从而不断地推动企业的可持续发展。

其次，企业伦理促使企业更加关注生态伦理。

建设环境友好型企业，实现人与自然的和谐发展，是企业可持续发展的前提。可持续发展是指既满足当代人需求，又不对后代人满足其自身需求的能力构成危害的发展。可是近年来出现的生态平衡失调、环境恶化、资源匮乏、能源枯竭等现象，严重影响了人类生存。这种不顾环境发展、见利忘义的企业在一定程度上影响了它们自身的可持续发展。同世界发达国家相比，作为发展中国家，我们仍然面临着靠工业化来实现经济发展，满足人们日益增长的物质文化需要的艰巨任务，但在环境与发展之间经受着严峻的考验。从发达资本主义国家发展的历程来看，他们在创造大量物质财富的同时，也造成了资源枯竭、生态破坏等负面效应。因而中国绝不能走发达国家"先发展、后治理"的老路，我们应积极从传统发展观转向可持续发展观，提倡发展绿色经济，避免使自己将来付出更惨重的代价。由此我们更需要关注发展方式，走可持续发展的道路。例如，广西贵糖股份有限公司抓住新的机遇，遵循科学发展观，坚持走循环经济的伦理理念，加大技术创新投入和产业升级，实现企业可持续发展。公司制糖由原来日榨甘蔗 1 500 吨发展成今天的日榨 10 000 吨规模，并依靠科技创新对甘蔗资源进行全面的综合开发，进行循环利用，其甘蔗渣生产的文化用纸、生活用纸等综合利用产品已占全公司工业总产值的 70% 以上。其外，就世界经济来看，WTO 的相关条款也对生产和消费绿色产品做出了相关的规定，中国要创造自有的品牌，提高国际市场的占有率，也必须关注消费者的需求变化，强化环保意识，才能真正实现企业可持续发展。

四、企业伦理的缺失对社会的影响

在当前市场经济条件下，企业作为社会经济的重要载体，在市场化进程中发挥着越来越重要的作用。追求企业利润最大化成为部分企业生存与发展的主旨，在这种利益观的驱使下，企业的生产经营行为对自然环境和公众的负面影响日益明显，企业伦理的重要性日益彰显。企业伦理的缺失，会导致对人的漠视和环境维度的缺失，影响社会的和谐和经济的健康发展。

第一，企业伦理的缺失会导致对人的漠视。

从企业内部来看，企业伦理的缺失表现为企业员工的价值直接简化、扭曲为工具价值，工作的意义仅在于为企业创造利润，而工作、生活的意义即伦理的价值意蕴则被排斥和漠视。例如，企业内部相互信任关系的缺乏，造成上下级之间、同事之间信任缺乏，彼此猜疑和不信任导致企业内耗增大、活力丧失、竞争弱化，成为企业发展的巨大障碍。又如，企业决策层自身伦理道德问题造成在用人中任人唯亲、权力运用中的渎职与越权、对企业伦理和社会的漠视等，使决策失去科学性，也使企业员工被置于工具和客体的地位，必然导致员工认同感的丧失，追求利润成为工作的全部内容和意义。这些使他们失去了对行为负责和进行伦理反思的重要前提，也是我国企业不能做大做强的重要原因。

从企业外部来看，企业伦理的缺失表现为对社会公众利益的漠视。企业的生产经营活动必然要涉及种种社会关系，如与政府、消费者、社会团体、其他企业等之间的交往。从实际运作来看，企业对社会关系的运用更多采取了功利主义的态度，把它当作企业追求最大利润的工具和手段，而社会的长远利益和伦理规范则被漠视，甚至法律的尊严也被肆意践踏，如最近频繁曝出的食品安全问题，使社会公众的生命健康直接受到损害。

第二，企业伦理的缺失会导致对环境的漠视。

企业的生产、经营、管理总是在一定环境中进行的，处理好人与自然和人与人的关系是人类生产实践活动不可分割的双重维度。从企业的生产实践来看，企业对自然、环境、资源的态度实际上也是企业社会责任感的折射，是企业伦理的重要维度。在"人类中心主义"的自然观指导下，企业对自然采取了盲目的、掠夺式的开发，引起了人与自然关系的紧张和对抗。例如，出于地方保护主义和政绩观的指引，企业无视环境的破坏对人类生存和生活空间的压迫，过渡开发资源、污染物直接排放等屡禁不止，造成大量野生动物死亡，植被被破坏，造成各种癌症、白血病等高危病种发病率增多，造成社会传染性疾病、职业病频发，如禽流感、血铅超标事件等，使正常的生态系统链受到严重失衡，可持续发展战略受到严重挑战。人与自然的关系犹如一面镜子，清晰地折射出人与人关系的文明状况，也进一步凸显出企业伦理建设中自然、环境维度的极端重要性。

企业伦理的缺失会造成企业对人、对环境的漠视，引起严重的社会后果，阻碍经济的发展，这是引起社会不和谐的重要根源。因此，从这一侧面也反映了我国现代伦理建设的重要性。

第二章　现代企业伦理的原则和内容

第一节　现代企业伦理的基本原则

随着经济发展中人与自然、人与人等矛盾关系的凸现，越来越显出企业经济行为与伦理价值取向分离的缺陷。正如诺贝尔经济学奖得主阿玛蒂亚·森（Amatya·Sen）认为："经济学的无伦理特征造成了经济学的贫困，使福利经济学的研究范围变得狭窄、分析缺乏说服力，并削弱了预测经济学的行为基础。"现实对传统的经济行为动机和经济成就的判断提出了挑战，由于这两个问题都浸透着伦理的因素，所以当企业之间的经济竞争从低水平的、仅依赖于资金的多少、技术的先后、信息的快慢等低层次向依赖品牌、人本关怀、顾客至上等高层次过渡后，企业必然要寻求经济目标与伦理价值取向的统一，也必须要在遵守企业伦理原则的前提下处理好企业经济发展中内部、外部的各种错综复杂的关系，如与企业内部的人本伦理原则，与社会关系的社会伦理原则，与环境关系的生态伦理原则等，这样才能使得企业获得长久的生命力，才能使其在可持续发展的道路上走得更远。

一、企业处理内部关系的人本伦理原则

企业对员工的伦理责任主要包括员工安全计划、就业机会均等、反对歧视、薪酬公平等。企业内部营销理论认为满意的员工产生满意的顾客，要想赢得顾客满意，首先需让员工满意。内部营销理论的实质是强调企业要将员工放在管理的中心地位，企业需要借助内部营销的理念、技术和方法来获取

外部竞争优势。目前，一些国家和地区的跨国公司在全球采购时，已开始用工厂检查的方式，对供货方的用工制度、安全生产等条件进行判定，并把合格与否作为供货商的取舍依据，可见，加强企业对员工的伦理责任不仅是社会对企业的外在要求，也是一个企业提高自身竞争力的内在需求。

近年来，以人为本的企业文化和各种人力资源管理理论在我国得到了广泛的实际应用，也取得了明显的效果，我国企业界已经树立起争取人才和留住人才的意识，所以内部营销理论和其他有关处理与内部员工关系的企业伦理理论可以用于指导我国现阶段企业伦理实践。在企业对员工履行了责任和义务的同时，企业还要加强对员工的伦理教育。因为一个要求发展，致力于强大的企业必然是重视员工素质提升的企业，是需要员工逐渐认同和融入企业文化的企业。这方面需要企业建立伦理准则和伦理的企业文化，使员工在企业日常运作中感受到伦理气氛，从而使伦理意识深入内心。过去，企业更多是把人作为提高效益、获得更多利润的工具来看待。当代企业价值观已发生了根本性变化，开始把人的发展视为目的，以关心人、爱护人的人本主义思想为导向。

以人为本的人力资源伦理管理就是要求企业要充分重视人的因素，实行人格化管理，尊重和维护员工的人身自由权、财产所有权、生存权、发展权、健康权、隐私权、人格尊严及人身安全等。具体来说，即是要满足员工的合理需要，逐步提高其福利待遇；改善工作环境和生产条件，保证生产安全，降低劳动强度，增进员工的身心健康；塑造优秀的企业文化，营造公平、合作、友好、尊重、参与的良好氛围，消除身份、性别、种族歧视，消除胁迫、欺诈；重视员工的培训教育和职业生涯的发展，等等。

二、企业处理与社会关系的社会伦理原则

世界银行把企业社会责任定义为："企业与关键利益相关者的关系、价值观、遵纪守法以及尊重人、社区和环境有关的政策和实践的集合。它是企业为改善利益相关者的生活质量而贡献于可持续发展的一种承诺。"

欧盟则把社会责任定义为："公司在资源的基础上把对社会和环境关切整合到它们的经营运作以及它们与其利益相关者的互动中。"企业社会责任感是一个涵盖范围很广的概念，世界各地的企业创建了不同的社会责任模式，并对当地社会做出了不同的贡献，不存在完全一致的标准模式。现在国际上的 SA8000 认证，是世界上第一个规范组织道德行为并且已作为第三方认证的准则。虽然 SA8000 认证从某种意义上说是一种发达国家对发展中

国家制造业的贸易壁垒，但是经济全球化的今天，越来越多的跨国公司把SA8000认证作为其在中国采购、下单、进行贸易的前提条件。目前我国获证企业多以生产型企业为主，除两家提供资产管理服务的房地产公司和一家专业贸易公司外，其他33家企业都是以生产和销售为主业务。

在我国市场经济法制建设尚需完善的阶段，仅仅依靠企业自发约束机制是无法实现企业行为普遍伦理的。基于利益相关者的企业伦理决策理论可以让企业在衡量经济利益的基础上做出最优化决策，但是在我国市场并不规范，信用体系不健全的运行环境中，相较企业的经济行为比企业伦理行为更加有利可图，有机可乘。所以基于利益相关者的企业伦理决策理论并不适用于我国企业伦理建设的实践。

企业对顾客的伦理责任主要表现在企业产品设计、营销推广等决策中的经济行为和伦理行为之间的选择上，企业的任务是为消费者提供物美价廉的商品或优质满意的服务，对消费者的伦理责任是建立顾客忠诚和提高顾客保留率的基础，在买方市场的今天，企业对顾客的伦理责任是与企业生存发展密切相关的。

我国企业也认识到顾客至上，诚信为本的重要性，深知零售商和消费者是企业的"衣食父母"，利润、产值、福利都是通过零售、消费环节得来的。可是假冒伪劣、虚假广告等现象屡见不鲜，这和我们的企业目光短浅、重利轻义分不开，也和我国消费者对企业反伦理行为的容忍程度高的现状分不开。所以，在我国加强企业对顾客的伦理建设的首要任务是加强中国民众的企业伦理意识和维权意识，从根本上提高民众的教育水平和对市场经济的正确认识。

针对我国的现状，可行的方法是建立行业中介机构来引导企业的伦理，行业中介机构是现代市场经济发展的要求，有引导、监督、服务、协调等功能。行业中介机构要重点做好几个方面的工作：一是要指导企业制定相关的伦理法则和伦理经营的策略与方法；二是要协调行业中企业之间的关系，监督企业的经营行为，对不道德行为进行警告和惩戒；三是协助企业进行伦理培训。同时国家应给予行业协会足够的权利，这样才能保证行业协会作用的发挥。

归根到底，企业对社会的责任就是要讲诚信，诚信是人们经济交往活动中历来应遵循的伦理道德基础。现代市场经济是法制经济，也是信用经济、道德经济。企业作为经济建设的基础单位，与市场相辅相成。企业缺乏诚信必将导致市场秩序失范，经济活动无法正常运转；失去了市场经济良好的宏观信用环境做根本保障，企业同样难以立足与成长。以诚信为本的经营伦理管理体现在以下几个方面。

（1）企业对顾客诚信。强调顾客至上，为消费者提供安全而优质的产品和服务，恪守承诺，维护消费者利益，杜绝虚假、欺骗性的广告宣传，严禁生产不安全或有损健康的产品等。

（2）企业对竞争者、厂商诚信。不假冒他人商标、包装、字号，不侵犯他人商业秘密，不损害竞争对手商业信誉，严格履行合同，不彼此拖欠和赖账等。

（3）企业对政府、社会诚信。恪守法规法令，不危害社会，以国家利益至上，照章纳税，合法经营，杜绝财务欺诈、制假贩假、商业贿赂，积极承担社会责任，贡献社会福利等。

以诚信为本的经营伦理管理在社会主义市场经济条件下，就是要求企业恰当地厘清和处理企业上述外部伦理关系，既要遵循经济规律，按市场经济的原则办事，又要吸取资本主义国家的经验教训，更重要的是我们要发扬中华民族几千年来的优良传统美德，用美好的伦理准则来规范我们的社会秩序，用共产主义的思想、集体主义的精神来倡导整个社会共建美好的、有序的社会生活。据此我们认为，处理企业外部伦理关系应遵循以下伦理准则。

（一）互惠互利的功利原则

功利主义的创始人英国哲学家边沁在其《道德与立法原理导论》一书中，首先使用了功利原则，并将之另名为"最大幸福原则"，解释为"赞成或不赞成任何一种行为，其根据都在于这一行为是增多或是减少利益当事人的幸福"。功利主义注重个人利益，轻视社会利益，在资本主义初期，弘扬市场自由、独立的精神，肯定人的基本权利，反对封建专制有其积极意义，但由于割裂了个人利益与社会利益的关系，又带来了新的伦理问题。

在社会主义市场经济条件下，正确的功利意识应该是"以义谋利""见利思义""义利兼顾"，个人利益与集体利益相统一，既反对急功近利，甚至见利忘义的观念和各种短期行为，又要反对重义轻利的价值取向。互惠互利的功利原则肯定功利手段的作用，但认为功利性不仅仅是个人利益的简单相加，在个人利益与社会利益两者中应该取后者，舍前者。个人利益与社会利益中应力求互惠互利，且不损害社会利益为前提，但这种互惠互利不是无原则的迁就、姑息，如在市场经济状态下，同一行业的企业，有的经营管理好，发展壮大；有的不好，行将倒闭，这种情况下国家就不能搞削强扶弱，抑制有前途和希望的企业，而去资助行将倒闭的企业，这不是互惠互利而是一种互损。市场经济状态下的优胜劣汰，有利于资源优化配置，有利于丰富社会物质、精神财富，有利于消费者获得质优价廉的产品及服务，还有利于被淘汰者退出不利处境，转入新的领域，所以这是一种共荣互利的行为。

（二）既讲竞争又有协作的原则

市场经济的基本特征便是竞争，它利用价值规律，遵循市场法则，通过降低成本使自己凝结在商品中的个别劳动量低于社会平均必要劳动量，从而获取比其他企业更多的利润；同时以自己的优质产品和服务扩大市场占有份额。竞争本身无所谓伦理性，关键在于竞争的动机、手段是否合乎伦理道德。讲求诚实、信用，树立良好企业道德形象，建立良性的竞争关系非常重要，而且既讲竞争，又要讲协作或合作，这是因为竞争对手之间你死我活的竞争，往往造成玉石俱焚，谁也得不到好处。当今的市场领域，随着地区一体化、国际一体化、多产业一体化的确立，宣布了"零合竞争"的结束，代之以"策略联盟"，就是既竞争又协作，既有利益冲突，又有利益相通的这样一种关系。美国最大的百货公司纽约梅瑞公司的购物大厅里，有一个小小的咨询服务台，如果客户在梅瑞公司没有买到自己想要的商品，它会指引他们去另一家有这种商品的商店。在竞争异常激烈的情况下，这家公司把顾客引介给自己的竞争对手，不是显得很傻吗？梅瑞公司这种反常态的做法，不但获得了顾客的普遍好感，同时也赢得了竞争对手的信任与尊重。目前中国企业竞争中，多的是你死我活的拼斗，不道德的竞争手段，甚至连国内名气很大的企业也如此。互相攻击、窃取商业秘密时有发生，特别是在进出口方面，各进出口企业互相倾轧、抬价抢购、低价出口现象十分严重。

现代竞争理论告诉我们，现代市场是一个整体市场，任何单个企业都不可能独占或垄断，两败俱伤不如共存共荣；市场是不断变化的、无定型的，即使击败竞争对手，也难以真正获得像早期商战的战胜者所获得的较长期的超额利润，更何况现代市场需求的多样性和多变性，往往单个企业无法供给消费者真正满意的服务，有必要合作开发、共同发展。

（三）集体主义原则

社会主义市场经济建立在公有制基础上，受社会主义本质的制约，服务于社会主义的根本目标、任务和要求。伦理道德本身不仅仅直接对应经济关系，它还具有批判性、否定性和超越性。因此，社会主义市场经济和道德本身的性质决定了我们的道德必须有对市场经济超越的一面，它主要表现在三个方面：①对市场经济的道德负面影响的否定和匡正。②对市场经济以外的领域提供恰当、合理的道德标准、道德原则、道德规范。建立适应新时期的政治伦理、社会公德、家庭伦理等。③建立道德理想，确立理想人格。在社会主义初级阶段物质财富不够充裕、思想水平不够高的情况下，特别是市场经济状态下，利益追求还成为首要追求的时候，不能要求我们的企业不求赢利，放弃竞争，让出市场，也不能够要求我们企业的领导者和普通员工不计私利，不计报酬，只讲奉献。因此将集体主义原则作为统一的行为标准来要求社会组织、个人还不现实。但是正如前面所分析的一样，以集体主义为道德原则的社会主义道德是人类道德水平的更高层次，它是市场经济的伦理道德的发展方向，因而在经济伦理学的体系建构中同样必须贯彻集体主义的伦理道德原则。

三、企业处理与环境关系的生态伦理原则

经济的快速发展引发了一系列严重的全球性资源与环境问题，如酸雨现象、温室效应、物种灭绝、大气污染……不断恶化的生态环境已危及人类的生存健康。企业作为一个开放系统，与外部环境进行着各种资源的频繁交换，尤其是工业企业，直接对生态环境构成影响。有些企业在生产过程中最大程度地消耗各种资源，肆无忌惮地污染环境，破坏生态平衡，很少关注甚至根本就不关注生态环境价值。所以，实施必要的生态伦理管理，走可持续发展之路是企业管理战略中极其迫切和重要的一部分。企业的生态伦理管理主要涉及企业处理自然资源、企业环保、企业生态设计的问题。首先，它要求企业尊重自然，合理利用资源，健全环境立法，加强环境管理，积极治理废水、废气、废渣等造成的污染。其次，不仅要控制生产过程的"末端"污染，还要重视对污染物的"全程"控制和预防。这就要求企业摈弃过去那种高消耗、高投入的发展模式，改革工艺实行生态化生产。例如，大力推进清洁生产，发展循环经济，降低消耗，减少浪费，开发绿色产品，实施绿色营销等。一个企业，尤其是生产企业，应该考虑到环境卫生及环境生态的维持。如果企业只顾自己的利益，对自然环境造成短期或长期的破坏，自然也就造成对社会及个人的损害，所以企业应该讲究对环境的伦理的认识。五十年来，美国的大工业已经警觉到这个问题。当然，这个问题的认识是基于社会人士或社区居民的反映，如对空气、水流或食品的污染，当地居民觉察到后会积极地要求业者改善。就此经验参考，我们应该要求任何生产企业、工厂多方面考虑，自动自觉地防范其对环境的污染，而不应该投机取巧地草率处理。当然，对环境的保护，也需要相应的利益团体来推动，因为如何去维护自然生态，是一般社会大众的责任。我们今天谈到企业对环境的伦理时，一定要谈到对

环境生态的自觉与共识，任何伦理都一样，若无共识与坚持，则很难运行无阻。企业对环境的关系。企业，尤其是生产企业应考虑环境卫生或环境生态的维持。企业只顾自己的利益，为追求成本最小化而对自然环境造成短期或长期的破坏，自然也就造成对社会及个人的危害。

目前，我国进入经济高速发展时期，经济规模大大增加，不可避免地带来了对自然资源的大规模开发和耗费，对环境构成了巨大的压力。企业的伦理责任在很大程度上取决于国家有效的宏观调控政策。因此，国家的宏观调控目标必须贯彻可持续发展的思想和原则，用宏观调控经济的手段和方式促进引导企业增强伦理责任，实现可持续发展目标。建立"资源节约型"宏观调控目标，促使企业合理开发利用资源，避免过度耗费有限资源以及由此而导致的环境污染和生态破坏，变传统的"资源消耗型"经济为"资源节约型"经济。确立资源有价观念，改变资源无价现状，实行资源核算制度，将资源的开发利用作为考核企业的一项指标，以促使企业节约利用资源。与此同时，企业应树立并落实"全面、协调、可持续发展"的科学发展观。社会经济的可持续发展是一场尊重自然、保护环境、关注人类共同未来的生态经济革命。企业作为社会经济的基本组织单位，必须在寻求可持续增长的基础上，为社会经济的可持续发展做出贡献。企业的生态伦理责任就是要求企业尊重自然，保护环境，降低消耗，减少浪费，开发绿色产品，实施绿色营销，实现自身的可持续增长，以推动社会经济的可持续发展。

树立人与自然之间公平这一新的伦理观念，重视自然呼声与要求。积极改进生产技术、生产方式和生产工艺，采取节约资源和替代资源战略，努力降低自然资源和能源的消耗，实现自然资源的可持续利用；积极采取措施，减少以至消除废物和污染物的生成和排放，降低对环境的污染，并主动承担环保责任，履行环保义务；大力开发绿色产品，实行绿色营销，身体力行，从而影响和改变人们的消费观念，塑造整个社会关心环境、关心地球、关心未来、关心子孙后代的绿色文化。这就要求我们在追求经济目标时，要全面保护生态环境，在必要的情况下甚至要牺牲一些企业的发展速度，减少企业的发展对生态环境带来的压力，不断增强环境承受发展的能力，做到既满足当代人的需要，又不对后代人满足其需要的能力构成危害的发展。伦理经营的企业则持有一种人与自然的和谐统一、环境保护与经济社会协调发展的科学发展观，以追求经济效益、社会效益和环境效益的统一为原则，主动协调好自身与利益相关者之间的关系，运用可避免或减少环境污染的技术，开发各种能节约原材料和能源、在使用过程中或在使用后不危害或少危害人体健康和生态环境的产品以及易于回收复用和再生的产品。因此，企业伦理经营包含了科学发展观的协调发展的观念。

企业伦理的内涵极为广泛，它渗透在企业生产经营管理的各个方面，为企业行为提供了人文基础。虽然不同企业的伦理有所差异，但也有其共性，这些共性的原则寓于企业处理其各种关系的原则之中，与企业伦理的其他原则是共性与个性的关系，是企业处理其各种关系的基本原则的前提和基础，企业伦理的普遍原则主要体现在以下几方面。

（一）功利与人文相统一

所谓功利原则，就是赞成或不赞成任何一种行为，其根据都在于这一行为是增多还是减少利益当事人的幸福。在功利主义看来，社会利益仅仅是个人利益的简单相加，因而社会利益只是一种虚构的利益，只有个人利益才是真实的利益，并认为把社会利益和个人利益统一起来的基础只能是个人利益。人文主义，就其基本精神而言，它并不以追求一己私利为行为的最终目标，也不把获得实在的个人利益看作最终的幸福或快乐，而是着眼于整个社会状态中人性的全面解放和发展，把人类的进步看作最终的幸福。人文主义注重的是全社会的利益，认为社会文明的进步才是真正实际的幸福。只有文明进步了，社会发展了，最终才会获得个人利益。现代企业是按照两种契约原则（利益原则和社会原则）由不同利益主体组成的契约组合，企业既受经济利益的约束，又受社会的约束。一方面，企业是一个自主经营、自负盈亏、独立核算的经济组织，企业要想生存与发展，必须获得一定的经济利益，追求功利目标是企业的基本目标；另一方面，企业还是一个社会组织，企业各利益相关者的经济利益是在一定的社会制约下得到不同程度的实现的，因而企业要求得生存与发展，必须承担一定的社会责任和义务，有着与其相应的社会目标。为了实现企业的营利目标，往往必须考虑其社会责任与社会目标，否则营利性目标也很难达到。只有当公司不把利润看得高于一切的时候，才有可能采取具有远见卓识的行动。惠普公司前总裁约翰·扬指出："利润本身绝不是我们追求的最终目标，我们的最终目标是获得成功。"因此，在现实生活中，单纯追求功利目标和人文精神都是不可取的，也是不现实的，必须坚持功利与人文相统一的伦理原则，强调物质文明与精神文明相统一，既反对"金钱万能"和一切形式的拜金主义，又反对"精神万能论"。企业应树立崇高的目标，既追求经济利益，又追求社会效益；既追求当期利益，又追求长远利益；既关心企业的发展，又关心社会的发展；既关心财富的增长，又关心人的全面发展。

（二）民主与集中相统一

民主原则是人道原则的必然要求。人道原则最基本的内容就是尊重人的权利和人们相互之间的平等。这体现在管理过程中，就是要求管理中的民主。随着技术进步的加快，环境的日趋复杂，以及信息手段的广泛应用，传统集权式的组织形式正逐渐受到挑战，员工要求参与管理的意识越来越强烈。而近年来人本管理思想的确立，在客观上也对员工参与管理提出了迫切的要求，同时，员工自身素质的提高也为其参与管理提供了可能。组织内部的分权化已逐渐成为一种趋势，这种分权化实质上就是管理民主的体现。在现代企业管理过程中，纯粹的民主或纯粹的集中都不具有实践意义，片面强调集中指挥，就可能变成独断专行，员工离心离德，指挥不灵；片面强调民主管理，就可能出现无人负责现象，日常活动不能顺利进行，既定决策也无法实施。因此，必须在集权和分权之间找到一个最佳平衡点，树立民主与集中相统一的观念，并把它作为一个重要的伦理原则贯穿于现代企业的管理之中。民主与集中相统一的原则主要指要处理好民主管理与集中指挥、统一领导与分级管理之间的关系。对重大问题的决策必须发扬民主，集思广益，走群众路线；日常活动的指挥则必须集中统一，反对多头指挥。"政出多门"，凡关系全局的重要的管理权限必须由高层领导掌握，以保证统一领导，与此同时，必须在统一领导下实行分级管理，授予各层次一定的权限，以充分调动各层次组织和职工群众的积极性，权力过于集中或过于分散，都不利于日常活动的进行，不利于完成组织的宗旨和目标。

（三）公平与效率相统一

管理本身就是一种资源的分配行为，包括人力资源和物质资源。在进行这些资源的分配和管理时，怎样处理公平与效率的问题，是企业伦理中的一项重要内容。

管理中的公平主要包含三层含义。第一，权力的平等。这种权力体现在许多方面，如对企业信息的了解程度，在企业内部的自由程度，对企业工作的参与程度等。第二，机会的平等。其包括一切机会平等地面向全体成员，每个成员都有平等选择机会的权力。第三，分配中的平等。分配中的平等不等于平均主义，不等于吃"大锅饭"。管理中的公平直接影响员工的积极性、主动性和首创精神，直接影响管理的效率和效益。

管理中的效率问题是企业发展的根本问题。效率是企业组织活动的出发点，是管理者必须经常思考的问题，效率来源于生产要素供给者个别的积极性、主动性的发挥。效率实际上有两个基础，一个是物质技术基础，一个是道德基础。只具备效率的物质基础，只能产生常规效率，有了效率的道德基础，就能产生超常规的效率。在日常的管理行为中，公平与效率的问题无处不在，并且常常以两难的形式出现，公平与效率相统一的原则就是要求在企业管理过程中要坚持"效率优先，兼顾公平"这一伦理原则。反对"效率至上"，反对以不公平或不道德的方式去追求效率，应该在注重效率的同时，重视公平，达到企业内部人际关系的日趋和谐，使企业获得长久发展。

（四）权力与权威相统一

由于实际工作的需要，管理者被赋予一定的权力，包括指挥权、决策权和用人权等。在企业的运行中，如果管理者不拥有这些权力，则管理的职能就无法实现，整个企业也就无法有序运行。

但是，作为一个管理者，只拥有权力是不够的，只靠权力的作用去指挥别人，并不能使人心服口服，而且仅仅依靠权力的指挥棒去指挥别人，这种行为本身也是不符合伦理标准的。对于管理者来说，权力只是一种外在的东西，要有效地管理，除了拥有权力之外，还需拥有相当的权威。

著名管理学家巴纳德曾指出："管理者的权威完全取决于下级人员接受命令的程度。"在越来越具有理性和独立思考的员工面前，一味运用权力的影响去强制实行对被管理者的控制，不仅是不道德的，而且也越来越不现实。只有注重管理者自身的道德修养，充分体现管理者的人格魅力，才能真正实施管理的权威。这种人格的影响力越来越大，甚至可能抵消或剥夺一个人的权力的影响，在某些情况下，管理者的人格对于被管理者的影响力和号召力比权力大得多。权力与权威相统一的伦理原则，就是要求加强管理者的人格塑造，提高管理者的品质修养，在企业管理过程中要把握权力与权威的伦理界限，正确运用权力和权威，以更好地达成企业的目标。

（五）控制与自由相统一

毫无疑问，控制对于维持企业正常的生产经营活动是必需的。控制的目的是保证企业的实际活动符合计划的要求，以有效地实现预定的目标。然而，由于各方面的原因，在企业管理活动中，表现更多的是过度控制或控制不足。过多的控制会对员工造成伤害，会扼杀他们的积极性、主动性和创造性，会抑制他们的创新精神，从而影响他们个人能力的发展和工作热情的提高，最终影响企业的效率。通用电气公司前总裁韦尔奇曾指出："旧组织建筑在控制之上，但是世界已经今非昔比，世界变化得太快，使得控制成为限制，反而使速度慢了下来。"过少的控制将不能使企业活动有序地进行，不能保证各部门活动进度和比例的协调，将会造成资源浪费。此外，过少的控制可能使员工无视组织的要求，我行我素，不提供组织所需的贡献，甚至利用在企业中的便利地位谋求个人利益，最终导致企业的涣散和崩溃。控制与自由相统一的伦理原则就是要求企业的控制在范围、程度和频度等方面要恰到好处，既能满足对组织活动监督和检查的需要，又要充分尊重员工的变异和差异性，给予员工自由发挥的空间，以充分调动员工的积极性、主动性和创造性，防止企业与员工之间发生强烈的冲突。一方面严格限制员工的言行举止，使其与公司的思想保持一致；另一方面又给员工提供极大的行动自主权，实行思想控制维护公司的核心价值观，而行动自由则促进了公司事业的发展。韦尔奇指出："必须在自由和控制之间取得平衡，但是你必须拥有以前想象不到的自由，如果想从员工身上获取利益，则必须给他们自由，让每一个人都成为参与者，让每个人都知道所有事情，这样他们自己就可以做出最适当的决定。"

第二节　现代企业伦理建设的基本内容

一、提高自身道德修养，打造企业伦理品牌

在企业中注重企业伦理文化、企业形象文化、团队协作、敬业奉献和人生理想等人文精神的培植，可以使企业伦理具有更深的文化底蕴。在知识经济时代，要充分体现市场要求的竞争意识、效率意识，培育重质量、贵诚信的企业道德，塑造良好的企业形象，这样才能树立信誉，扩大影响，这是企业巨大的无形资产。只有培育团队协作、敬业、奉献精神，与全体员工和睦共处，共同奋斗，对所从事的职业有执着的追求与热爱，才能激发创造热情，减少内耗，形成互相理解、互相尊重的创业环境。优秀的企业伦理文化是现代企业的精神支柱，也是企业核心竞争力的重要表现。

企业经营管理者是企业伦理的倡导者、变革者和实践者，其价值观念和道德修养对企业伦理建设具有巨大的导向和示范作用。企业雇员会首先观察传达组织伦理标准的直接上级所做的示范。通常，拥有大量权利的个体行为对塑造公司的伦理姿态关系重大，因为他们的行为能够传递的信息比写在公

司伦理声明中的明确得多。在企业的经营管理中，企业各项制度、政策中也体现着经营管理者的道德观；另外，企业经营管理者是企业的代言人，他们的伦理行为直接关系着企业的形象。这是因为，一个具有较高道德素质的经营管理者可以带出一个讲道德的领导班子，一个讲道德的领导班子可以带出一支讲道德的队伍，一支讲道德的队伍可以生产出具有道德含量的产品。道德产品经营是企业在市场上的通行证，可以赢得消费者和社会的认可，最终企业获得的是广大的市场和利润。通过举办职工岗位技能培训以及各种形式的活动，整合员工的伦理道德，形成共同的价值观念、行为规范、道德准则，创造一种共同协作的氛围，激发企业职工的主动性和创造性，使企业职工成为企业真正的主人，把职工的荣誉感、自豪感同企业的发展联系起来。许继集团有限公司的辉煌得益于其五十多年来的企业价值观"岗位职业化"。绝大多数许继人都把岗位工作视为终身事业，以高度职业化精神，在不断提高自己的基础上不断创新，不断提高自己的工作效率和工作质量，把工作做得尽可能精彩，尽可能完善，从而也树立了企业伦理品牌，为企业赢得了荣誉，也赢得了效益。

二、健全企业伦理守则，指导企业伦理行为

企业伦理守则（或道德规范）是企业处理与内外部各种关系的指导原则，只考虑其中一种或几种关系是不完整的。按照详细程度分，企业伦理守则可分为一般规范和具体规范。前者往往以企业使命、宗旨、企业精神等形式规定下来，或者以行为规范的形式出现。对于我国企业来说，由于经营者不一定一直在某家企业工作，如果规范太笼统，不同的经营者会做出差异很大的解释，这样就难以形成比较持久的道德规范及以此为基础的道德品质、道德现象，所以规范应以制定得具体一些为宜。

企业的伦理守则反映出企业期望达到的道德水准。企业伦理守则一般是面向内部，即给企业员工看的，但也可以是面向外部，以向社会做出承诺的方式出现的。实际上，面向内部与面向外部是统一的，面向内部也意味着对社会的承诺，而面向外部的承诺也是对内部成员的制约、指导。制定伦理守则的内容包括企业处理与顾客、供应者、所有者、员工、管理者以及与公众、社区等诸多关系中的伦理守则。

制定伦理守则的作用，一是可以促使员工思考他们的职责，激发员工的道德意识；二是培育企业优良的道德文化，形成企业的道德传统；三是有助于防止自上而下的不道德行为；四是能提高企业社会上的道德声誉。

三、提高伦理决策意识，进行伦理决策分析

企业决策是企业领导面临的非常重要的一环，需要对它进行多角度的研究。而其中的角度之一，便是从伦理道德切入，研究伦理在决策过程中的作用。伦理决策就是在决策时除了进行经济、技术分析外，还要进行伦理分析。

进行决策的伦理分析，首先要纠正企业决策与伦理无关的观念；其次，确认利益相关者，倾听利益相关者的意见，分析决策对他们的可能影响，明确与该决策有关的法律和伦理规范。另外，在方案评价时，除了要衡量方案的经济效果，还要考虑方案的长远经济效益和难以定量化的、与长远经济效益有关的因素以及对利益相关者正反两方面的影响。并且，在决策实施时，要建立有助于产生和维护符合伦理行为的组织结构、制度。在这样的决策中，除了各方案的可能结果会影响方案选择外，企业及决策者的价值观优先次序也起着十分重要的作用。至于价值观的优先次序，不同的企业、不同的个人会有不同的看法，不同的看法反映了不同的伦理观、不同的企业文化。

建立符合伦理的决策过程是企业伦理得以实践的内容之一。管理者除了要树立重视伦理的氛围和建立保证伦理的制度外，还必须以一种系统化的方式来思考管理决策的伦理含义，保证管理决策的道德性。一般而言，决策过程要遵循以下步骤。

（一）从伦理的角度评价拟订中的管理决策

管理者必须确定该项决策会影响哪些利益相关者，以什么样的形式发生影响。最重要的是，该决策是否会损害相关者的权利。例如，如果工作环境存在对人体健康有害的因素，那么其中工作的员工就有知道事实真相的权利；如果研制的产品对消费者可能造成危害，那么就必须停止研制该产品的决策或明确告诉消费者慎用等。

（二）对管理决策的道德性进行评价

此评价的依据是企业伦理的道德准则。此外，作为社会的成员，企业还要遵守一些特定的社会道德准则。当然，我们应该对管理决策进行经济性的分析，看它是否符合公司在经济方面的决策准则，如长期利润的最大化等，虽然长期利润最大化等经济原则是大多数公司采用的决策准则，但是，在应用它们的时候必须加以限制，即不能违反道德准则。

（三）在企业中确立良好的道德意图

企业应当想方设法建立这样一种习惯，如果决策有可能损害利益相关者的利益，或违反道德准则，那么应当把道德的考虑置于其他的考虑之前。在这个过程中，高层管理者的投入非常重要，高层管理者应该鼓励下属追求有道德的行为，不能始终把企业的经济利益置于利益相关者的利益之前，否则不利于在企业中确立良好的整体道德倾向。

（四）企业应当真正在行为上符合伦理

为了不使"建立符合伦理的决策过程"成为空洞无力的口号，企业还要在行为上真正符合伦理，也就是企业在处理和解决伦理事件时真正符合社会普遍接受的企业伦理。例如，在"泰拉诺尔胶囊掺毒事件"中，美国强生公司做到了这一点，他们不惜一切代价把泰拉诺尔胶囊从全国市场上撤回，这一决策和行为都是符合伦理的。

四、加强企业道德教育，提高企业道德境界

企业道德教育是指企业道德得以转化为员工的内在品质，是对企业管理实践发生作用的必备环节。企业道德教育的目的就是通过教育使员工具有良好的道德品质。培养员工正确的企业道德认识，形成正确的善恶观念，陶冶道德情感，树立道德信念，培养道德习惯。

实践证明，在企业道德教育过程中，将明确的教育内容和形式多样的方法相结合，才能激发员工的道德情感，磨炼道德意志，树立道德信念，培养员工履行道德规范的能力，提高员工的道德境界。典型示范法是教育方法中最为生动的方法。在企业中生活在员工身边的生动具体的模范典型，贴近现实，易于感受，因而最具有感染力。模范典型的思想和行动能悄无声息地影响身边员工的一举一动，有效地诱发员工的荣誉感、责任感、自尊心。环境熏陶法也是一种常见的教育方法：企业的道德教育是在一定的企业环境中进行的，必定要受环境的影响。环境熏陶是通过企业文化环境和生活环境的潜移默化的影响来实现的。例如，在厂区设立标语牌、口号牌，给员工提供优雅美观的学习、工作、休息、娱乐场所，这些都能陶冶员工的情操，激发他们的热情。

五、加强企业伦理控制，及时采取应对措施

企业伦理控制就是要根据企业伦理规范对企业及员工的行为进行监督、检查、评估，发现问题，及时采取措施。

伦理控制应从招聘开始，在招聘时，把那些在道德方面不合乎企业要求的申请排除在外，把能力强、品德好的人吸引进来。另外，企业道德建设中最基本的一个要求是"赏罚分明"。奖励那些模范遵守企业伦理规范的行为和个人，惩罚那些违反企业伦理规范的行为和个人。同时，控制必须是一贯的。在企业利益与相关者的利益发生严重冲突时，正是考验企业能否真正地、始终一贯地遵守伦理规范的时刻。优秀的企业往往能经受住考验。

企业的伦理道德建设，任重而道远，它不仅需要从理论上进一步研究和探讨，还要努力在企业的日常经营管理过程中付诸实践。企业伦理道德建设，不但要受到企业的重视，更应引起全社会的关心与关注。

六、建立企业伦理梯队，保证伦理组织落实

一般地，在现代企业中，企业所有者的代表是董事会，由于董事会是企业管理者的法定监督者，在企业中拥有最高的权力，因此企业的道德责任便主要落在董事会的身上。董事会成员的第一个道德责任就是要为股东选择正直而能干的最高经理层领导和其他管理人员。然后董事会要对企业的道德基调和主要政策负道德责任，他们应当让企业处于诚实的管理之中，使所有者的权益得到充分的照顾。这样，董事会成员就必须对他们做出的决策负道德责任，应当对调查研究的问题进行充分的调查，以获得决策所必需的信息。最高经理层领导和其他管理人员的首要道德责任是对董事会负责，并通过董事会对股东负责。为此，管理层必须向董事会通报各种情况，包括管理层的行动、已做出的决策和将要做出的决策、企业的财务状况以及成功和失败的记录等。管理层对股东所负有的道德责任是诚实而有效地管理企业，竭力使企业的合理利润最大化、企业的资产增值或更大的销售量等企业目标得以实现。此外，他们还要对员工负责，用公平的原则对员工进行录用、评估和提拔。在工作条件方面，管理层应当注意员工的安全和作为人的各种物质及精神需要。一般员工的道德责任则在于做好自己的分内工作。在工作职责范围内，应当遵守指示并努力地、熟练地、按质按量地完成自己的任务，和谐地处世为人，以使自己的所得合乎自己的所为。只有如此，企业内部自上而下的所有成员都认真履行自身的和企业整体的道德伦理准则，共同建立起一个

敬业、勤业、精业的高效伦理梯队，企业才能在竞争激烈的 21 世纪真正实现自身的长远和持续发展，才能真正为人类社会创造更多更丰富的物质财富和精神财富。

七、吸收升华传统伦理思想，实现企业制度伦理化

企业制度是员工应遵守的最基本的价值观念和行为准则，企业制度安排是否合理决定着企业的兴衰成败。因此，在企业伦理模式建立的过程中，需要教育，更需要各项科学的企业制度作为平台。一方面，在企业的制度安排和战略选择中要体现企业的伦理观；另一方面，通过企业的各项制度统率员工的思想和行为，如通过目标机制，在企业中形成同舟共济、荣辱与共的道德氛围，培养企业的向心力。

近年来，企业建设的实际经验已经昭示：企业伦理是企业发展的极其重要的内在驱动力。在现代企业伦理建设中，中国传统文化无疑是一份宝贵的资源。但中国传统文化不能原封不动地搬进现代企业伦理建设中来，而要经过辩证综合，实行"创造性转换"。张岱年指出，兼综东西两方之长，发扬中国固有的卓越的文化遗产，同时采纳西洋的有价值的精良的贡献，融合为一，而成一种新的文化，但不是平庸的调和，而要做一种创造和综合。实践证明，中国传统文化中的精华经过"创造性转化"而形成的"以人为本"的人力资源思想、"义利统一"的企业伦理、竞争与和谐相统一的双赢模式、开拓创新的企业追求，在现代企业中已经发挥了独特的功能，产生了积极的作用，而这种独特功能和积极的作用还在继续扩张。同时，中国传统文化中还有许多未挖掘的精华，这就要求我们发掘并"创造性转换"，从而使我们的企业充满生机和活力。

第三章　元伦理学的一般理论对现代企业伦理的实践启迪

第一节　伦理道德的人本学根据与企业伦理的必然性

既然人性是一个由天性走向德性的过程，那么我们也就有理由认为，在以谋利为天性的企业行为中，经营德性的培育恰恰是真善美人性的一个重要表征。

伦理道德对人类活动是否充分必要，或者说，伦理道德的规范有人本学意义上的内在根据，这是任何元伦理学理论所首先必须探讨的问题。这个问题的探讨是为了解决一种认知上经常产生的对道德是否有必要的某种疑惑。显然，这种认知上的疑惑直接影响道德行为实践的发生。同样的道理，我们认为，这个问题的解决也就从普遍必然性的高度为澄清企业行为是否需要道德约束的疑惑奠定了理论基础。

一、理论背景：伦理道德的人本学根据

作为生物学上的一个物种，人类无疑有着许多生物学意义上的自然属性，这些属性包括自保的本能、利己的天性等。但这显然不是人之为人的本质，因为这类特性动物那里也有。因此，人之为人的本质必须从人有别于动物的社会性方面予以界定。而伦理道德正是人使自己成为人，或者说，是人性之超越于动物性的一个本质规定。

（一）道德之于人性的内在根据

人们在生活实践中对道德现象所做的最经常普遍的思考是，人为什么要有道德？传统伦理学对这个问题的一般回答是，因为人们之间的社会关系需要道德规范的调整，但事实上这并未揭示问题的实质。因为疑问依然存在，即为什么人们之间的社会关系需要调整？从最抽象一般的元伦理学根据出发，人之所以要有道德，抑或称道德存在的必然性根据在于：

其一，基于人类个体的共同要求。人类作为类的存在物，显然有许多共同的要求和愿望。譬如，一般地人们在生活中都需要友谊、爱情、幸福、和平、安定等。这一切不仅每一个自我个体需要，而且他人和整个社会也都需要。为了满足和调节这些共同的需要，人们除了确立法的规范之外，还需要确立更普遍、更广泛、更有渗透力的行为规范，这就是道德。

其二，基于社会发展的共同利益。社会发展在不同地区、国家和民族那里，除了各显示其特殊性以外，显然也还存在诸多的共同利益。譬如，一般地从共同利益出发，至少可以证明行善比行恶要好；创造一个好的生活环境要比忍受一个坏的生活环境要好。也因此，在人类社会发展的漫长历史中，只要还存在个人生存和发展的私人财产，那么"切勿偷盗"就是一条普遍的道德戒律。显然，一个社会中人人都行善积德会更有利于社会的向前发展。这样，劝导人们行善积德的道德也就从中显示了其存在的必然性。

其三，基于文化传统的需要。人是文化的存在，因而人必然要受文化传统的制约，人的道德意识也不例外。传统的道德自从每个个体懂事起就被家庭、学校和社会从各种途径以各种方式灌输着，这就使得行为个体在相当大的程度上要把历代承袭的道德规范视为"天经地义"的东西而予以信奉和遵循。

但是，做进一步的探究，我们发现，问题依然存在。也就是说，从人类个体生存的共同要求、社会发展的共同利益和传统文化中，我们为什么就可以得出伦理道德的必然性根据呢？进一步的答案在于，人性中的自保、利己天性经常会诱使人去破坏这些共同要求和利益，去摈弃传统文化中的道德规范。正是为了保护个人和社会不受侵犯，作为人性对自我存在中的诸如利己天性进行自觉规范的伦理道德才成为必然产生的东西。

自有了人类，便有了对人类行动的限制和规范。这种限制和规范大致可分为两类：一类是外在强制的譬如法律、政令；另一类则是内在的自觉规范，道德正是这种规范。这些规范的限制对于人来说是可能的吗？是情愿的吗？由于正如马克思指出的那样，"自由自在"是人的"类的特性"，人们又会产生这样的困惑：人的行为为什么必须受道德规范的限制？人能摆脱这种限制吗？要从理论上回答这个问题就必须从"人是什么"这样一个既简单又复杂的问题谈起。

我们知道，与动物的存在相比较，理性成为人类骄傲的象征。《尚书》云"惟天地万物父母，惟人万物之灵"。宋代理学家周敦颐在《太极图说》中也认为"惟人也得其秀而最灵"。在西方思想史中，从古希腊罗马开始，哲人们无一不对人类的理性充满着诗意的赞美和讴歌。的确，人与动物的不同恰恰就在于人是有理性的动物。人类的所作所为都是"出于理智的认识与意志同意的活动"（柏拉图语），而动物的一切活动则纯粹出于本能的驱使。正是基于这一点，只有人才有"行为"，而动物只有"动作"。人的行为之所以称为行为，是因为它完全受人的理智和意志所驱动。所以，人是在与动物的比较中才显示其尊贵与神圣的，而这份尊贵与神圣的根源在于人的理性。

可是，科学事实却表明，人不仅仅只有理性，在很多情形下，人还有着许多与动物相同的本能。这些本能的最基本形式是生存的本能。由生存的本能出发便滋生了诸如性欲、食欲、获取欲等一系列和动物一样的本能追求。这样，人类便发现了一个许多人至今不愿承认的近乎严酷的事实：人也是动物。人的行为无论多么具有理智，其动物的本能都无法在"行为"中彻底消失。因而，无论人类是否自觉意识到，本能总不可避免地常常影响着人类。本能的欲念、冲动、追求，常常成为人类行为的另一种内在驱动力。在这种内驱力的策动下，人类便有了违背社会规范的许多越轨行为。

人也是动物这一结论，给予我们一个重要的警示。这就是说，超越动物的本能，以理性来规范自我的自然冲动，对人类而言显得至关重要。道德正是缘此而生的，而作为对道德进行哲学思考的伦理学也正是从人性的本能与理智的冲突中开始对人类的道德现实进行探讨、研究和把握的。

正因如此，对人性的认识和把握，在中国古代伦理思想家们的理论中始终占有重要的地位。哲人们认识到，道德上修身养性的出发点原是基于现实的人性基础之上的，他们对此留下了许多精辟深刻的思想。孔子提出了"性相近也，习相远也"（《论语·阳货》）的思想，认为人的先天之性是相近的，人性之所以有善与恶、崇高与卑劣之分，那是后天的"习"所致。但孔子没有讲清这相近之性究竟是善是恶，因此导致了后来的哲人们有关于"性善"与"性恶"的争论。孟子认为人性本善。在他看来，人性中先天就有仁、义、礼、智的品性。和孟子相反，荀子则简洁明快地主张人性本恶。他批评孟子的性善论是不察乎人之本性，而仅以后天之性作为立论的根据和出发点。荀子认为人和动物一样，就先天之性而言必然是好利多欲的。

　　无论是性善论还是性恶论，透过其中似乎是对立的论述，还是可以发现两者有最大的共同之处，即都揭示了人性和动物之性的联系。孟子认为，人性之善只是善端，他告诫世人要注重内心的修养，将善端扩而充之，以免沦为动物；而荀子则认为人和动物一样是趋利避害的，人要真正成为人，有赖于后天的"积善全尽"，否则，人永远无法摆脱动物般的争夺厮杀。我们认为，尽管性善论和性恶论对人性概念的把握还显得模糊，但他们这种从人和动物的联系中探讨和把握人性的思想，无疑是精辟得当的。

　　如果说中国哲人仅仅只是从最一般的抽象意义上涉及人和动物之间的联系的话，那么西方的人类学家则已从现代生物学的角度，提出了一系列既令人为之深思，又使人为之困惑的问题。

　　在西方，主张进化论的生物学家一般把人类看作某种动物物种的延续。在他们看来，作为动物的人在自身的进化过程中和其他物种一样，不可避免地遵循着"适者生存"的竞争规律。尤其是达尔文以后的生物学家、人类学家对这方面的问题做了更精细、更具体的研究。其中影响最大的人物之一是当代英国社会生物学家道金斯。他明确表示生命的进化无不受着"适者生存"规律的支配。但是生物学家们对自然选择的单位是什么一直争议纷纭。达尔文曾主张是个体的差别性存在，20世纪40年代出现的综合进化论则认为自然选择的单位是群体。还有人根据大量物种灭绝的事实，断言自然选择的单位是物种。作为社会生物学家的道金斯则主张自然选择的单位是基因。在他看来，生存竞争实际上是基因的竞争。他认为，植物、动物、人类不过是基因的生存机器，这种生存机器原初非常简单，只是随着时间的推移才变得越来越复杂，而人便是这种生存机器的最高形态。DNA就是居于人体的基因。所有的生存机器（包括人类）的行为都受基因的指挥和操纵，基因的特性决定了生存机器的特性。道金斯曾在《自私的基因》中表述他的如下观点：这种基因一代一代地从一个个体转移至另一个个体，用它自己的方式和为自己的目的，操纵着一个又一个的个体。在道金斯看来，基因的这种"为自己的目的"是永恒不变的，而且是冷酷无情的。这样，凡是从生存竞争中生存下来并能获得发展的基因总是"自私的基因"，这在人的基因DNA中表现得最为明显。由此他提出了人性受"自私的基因"支配的基本命题。

　　道金斯的这种理论不仅对进化论、生物学、动物学产生了重大影响，而且也对人类学认识人的本性发生了不可忽视的影响。一些学者认为如果从这样一个理论出发去观察人的行为，可以认为人皆受"自私的基因"所支配。受此控制的人的行为在价值取舍上总是倾向于个体自身的生存和发展。一旦缺乏这一条件，人的生命个体就会消失。当然，道金斯也承认人是有意识的，人能生成理性并借助于意志去谋求自身的生存需要与他人和社会的某种协调性。但是只要把人的行为做生物学的透视，就会发现，人的行为其生理的、本能的机制无不受 DNA 的基因支配。这种支配因人而异并与人格相关，可能很间接，也可能很微弱，但毕竟永远存在着。从这一点上讲，他的一个最终结论是，基因是自私的，因而人性也是自私的。

　　然而，生物学所得出的结论并不意味着人性的问题已昭然若揭了。事实上，人性问题的研究依然一直困惑着人类。生物学的研究仅仅是生物学意义上的，这不过是人性问题的一个方面。要考察人性问题，还必须从生物学的结论中走出来，一个简单的事实是，人不仅仅是一般的动物，而且是社会的动物。而这正是人之所以为人的最本质的内涵。因此，如果只限于从生物学的动物性上来把握人类，则必然失之偏颇。

　　其实，如果我们做一认真的审视，可以发现，当人们说"自私"这个概念时，往往是在不同的含义上使用的。许多人断言"人的本性是自私的"，这种观点首先来自对生物学意义上"自私"概念的误解。在道金斯那里，"自私的基因"有其特定的含义，它是指基因得以生存和发展的必要条件。这与伦理学中用以指称那些自私者行为的"自私"是两个不同的概念。生物学家只是用"自私"来概括人的生物本能的一种利己倾向而已，而人类社会中出现的"自私"，其特定含义是指只顾自己不顾他人，或指损人利己的那些行为取向。关于这一点，道金斯本人也再三重申，人类由于受文化、教育及社会环境等后天获得因素的影响，完全可以摆脱"自私的基因"的控制，并能够自觉地、有意识地选择真正的利他行为，人类至少可以有机会去打乱它们的计划，而这是其他物种未能希望做到的。这正是人来源于动物，但又高于动物的地方。

　　因此，人类和动物一样具有"自私的基因"，但并不能因此而认为人类必然在后天的社会活动中形成自私的人性。人和动物不一样，是因为人在改造外部自然的同时也改造了自身的自然属性。人类在进化过程中逐渐获得了区别于其他动物的体质形态、大脑结构等积极方面的特征，同时又凭借这种特有的肉体组织不断适应劳动。所以，人和动物虽都有满足肉体生存的需要，但人的需要是积极的，是一个随着生产力提高而不断超越的过程。在劳动中产生的新的需要——享受需要和发展需要，就完全是专属于人的需要。在人类的活动中，吃、喝不只是充饥而成为美食，两性交往不只是性欲的满足而成为爱情，如此等等。而比消极的享受更高级的是发展需要，那就是表现自己的生命力，发展自己的潜能，实现自我的需要。这时特别重要的是，即便是肉体的生存需要，也已不是纯粹本能式的需要，它已作为人的需要结构中的一个层次而存在了。所以，新弗洛伊德主义者弗罗姆在批判弗洛伊德的自然主义倾向时曾这样写道："人之存在的本质特征是，他已逾越出动物王国与本能相适应的藩篱，超越了自然（尽管他绝不可能最终完全摆脱它，且将始终是它的一部分）。而一旦人脱离了自然，他便丧失了返还它的任何可能性；……人别无选择，他必须舍弃那已无可挽回地丧失了的前人类和谐，不得不发展其理性，追寻新的人性的和谐，不断朝前走下去。"

可见，人通过活动使外部自然的性质越来越人化，同时也使自身自然的本性越来越人化。这种人化突出地表现在两个方面：一是人为了生存而必须在社会协作中进行的劳动，作为一种不可逆转的推动力，劳动支配着人类进化的方向，驱使人的体质形态、大脑组织等不断适应社会生活的需要；二是社会化的活动使人的需要对象和内容以及满足需要的方式，不断趋于丰富和完善。因此，不能把人的自然属性同动物的自然本能相提并论，人的自然属性是对自身动物本能改造的结果。如果我们把吃、喝、性行为等人的机能与人的活动相分离并使它们成为唯一的终极目的，那么在这种抽象中，它们就是动物的机能。因此，人的自然存在要高于动物的自然存在。

可以肯定地说，由于人毕竟有诸如"自私的基因"的存在，这个存在必然会影响人类行为的价值取向。但也不能据此便断言人性就是自私的或者利己的。事实上，当我们说"人性"或"人的本性"时，实际上是指人之所以为人的特性。的确，人也是动物，人具有源自动物的本能特性，但人之所以为人，又在于人不仅仅是一般的动物，而是具有理性、意志，可以受文化、教育和社会环境影响的动物。我们在基因的特性中是不能把人和其他动物区分开来的。如果说人类自私的生物特性就是人的本性的话，那么人就仅仅只是动物。在这种所谓的人的本性中，我们根本无法寻觅和把握真正的人性。生物学的一般概念，如果被搬用于社会科学领域，就变成空话。

（二）人是道德的动物

既然人类的出现并不仅仅是一个生物进化的过程，而且更主要地还是一个社会关系的形成和发展过程，那么真正可称之为人性的东西当然就必须在走出生物学的结论之后才可能寻觅到。这里，当我们说"人是社会的动物"时，其实是包含了如下两层含义：其一是指人是一种动物，这不仅是指人来源于动物界，而且也是指人类在行为中归根结底无法完全摆脱类似于动物的那些本能活动；其二是指人又不能简单地归于动物，因为从根本上讲，人之所以为人，还因为人是社会的人，具有思维、理性、意志。这样，从理论上人便可被看成自然的人和社会的人的合一。

第一，作为自然的人，人的行为受到一个最根本的东西的驱使，那就是本能。人的生物本能数之不尽，但最重要的是个体保存与种族保存的本能，亦即求生本能和性本能。道金斯所谓的基因的自私性首先表现在这两种本能上。因此，只要承认人来源于动物界这一事实，承认人的本能存在，就必然要承认人的自然本性中天生具有保存自己和满足自身需要的利己心。也唯有正视这种事实的存在，我们才能使人性的修养和完善具有一个真实的出发点，从而造就理想的人性。

第二，人又决不满足于自然本能的存在，否则，人就永远只是动物。事实上，人在从动物界脱离的那天开始，便作为一种社会的动物而存在和行动着。作为社会的存在，人意识到与他人、与集体、与社会的关系，从而自觉地意识到调整这种社会关系的需要。于是，约束人性的行为规范产生了。这种规范可能给人性许多限制，但人的理性却自觉意识到没有这种行为规范的调整，便没有社会关系的维护，从而便没有作为社会存在的人。这就正如马克思在《1844 年经济学哲学手稿》中深刻地指出的那样："动物和它的生命活动是直接同一的。动物不能把自己同自己的生命活动区别开来。它就是这种生命活动。人则使自己的生命活动本身变成自己的意志和意识的对象。他的生命活动是有意识的，……有意识的生命活动把人同动物的生命活动直接区别开来。正是由于这一点，人才是类存在物。"正是由于人的意识和意志的努力，人才和动物揖别了。其体现在道德方面，意识和意志的努力就表现为自己为自己内心"立法"（康德语），即确立道德规范从而造就自我的真、善、美人性。

特别重要的是，人之所以为人，还在于会使自己的自然本性从属于社会属性，在诸如求生本能、性本能等自然本能的追求和满足中也能表现出人性所特有的优美品性。这也表现在人能够自觉地制定道德规范来限制自己的种种本能。

可以肯定地说，使人成为人有各种各样的途径，但道德的规范是其中最重要的一条途径。从这一点上讲，孟子把人和动物的区别视为是否具有"仁义礼智"之德性的思想，是异常深刻的。我们甚至可以从这样一个角度给"人是什么"下一个定义：人是有道德的动物。

其实，人是有道德的动物这一结论也可以从西方伦理思想史的考察中得出。古希腊哲学在苏格拉底以前，人的问题并未真正纳入哲学家们的研究视野。从苏格拉底起，哲人们才有了认识人自己的艰难思想历程。苏格拉底开始自觉地思考人应如何生活的问题，并初步提出了人所应有的德性，如公正、节制、勇敢等，并以其规范自我人性。柏拉图丰富了苏格拉底的道德思想，但他也同样未能建立起一门独立的伦理学学科。

亚里士多德创立了伦理学。在《尼各马可伦理学》这部著作中，亚里士多德第一次把研究人、完善人的学问称为伦理学。为了给人类指定"至善"的思想境界，亚里士多德从对个人及其本性的思考出发，制定了一系列合乎"中道"的行为规范和准则，他的许多思想是极富启迪意义的。譬如，他认为人的本性是双重的：当他作为生物学家观察人性时，人以动物般的感性形式出现，这种自然生物本性必然"人人都爱自己，而自爱出于天赋，并不是偶发的冲动"；而当他以政治家、哲学家审视人性时，人便又以理性的形式表现出来。因此在他看来，人不能和一般动物相提并论，人是有理性、有智慧、有利他主义德性的政治动物。而道德正是要使人扬弃作为自然的、感性的存在而成为真正具有理性与德行的存在。亚里士多德认为人虽然无法摆脱动物般的自然、感性的生命存在形式，但却可以超越它。所以，他在《尼可马可伦理学》中有过这样一段著名的论述："道德的德性则是习惯的结果……显然，我们没有天赋的道德的德性；因为天赋的东西是不能由于训练而改变的。""德性非生于天性，但也不违反天性。自然给我们以获得德性的才能，这种才能是由习惯而完善的。"

所以，人拥有自己的理性生活，是一种不同于动物的天性而在后天的习惯中培养出来的德性的生活。这种生活在亚里士多德看来就是在自觉道德意识规范下的生活。在这个意义上，亚里士多德甚至强调有道德规范的生活和无道德规范的生活，是人和动物之本质区别，人类由于志趣善良而有所成就，成为最优良的动物。如果不讲礼法、违背正义，则他就堕落为最恶劣的动物。

正是基于对现实人性的这种分析，亚里士多德提出了以"中道"规范自我人性的思想。他认为使人成为最优良动物的道德规范应合乎"中道"。道德上的"中道"恰恰源于人性的两重性，这是人性追求完美度上的界线。譬如节制，他就认为一个纵情恣欲，毫无节制的人，会变成放荡的人；一个像乡下人一样，忌避一切欢乐的人，会变得麻木不仁。因而，过度与不及都不是节制，唯有"中道"才是真正的节制，人正是在对道德上"中道"原则和规范的认识与实践中获得幸福和"至善"的。

作为伦理学的创始人，亚里士多德的道德理论是卓绝的。这不仅体现在他建立了一个庞大的伦理学理论体系和道德行为规范体系，更主要的是体现在他给以后的伦理学研究提供了一个极有益的启迪，这就是伦理学研究的起点必须立足于现实人性的基础。没有对人性的把握，没有对人类活动的认识，就不可能有真正合乎人性的道德规范的产生。正是从亚里士多德之后，哲学家们发现，在人类的天性和德性的交融中，恰恰是因为德性不断超越天性，才使人类不断走向完善。所以，英国哲学家休谟在《人性论》中这样认为："在我们的哲学研究中，具有最重要意义的是人性的研究。这个研究可以扩展和影响到人性所有的其他方面。"而马克思也意味深长地提出过如下结论："整个历史也无非是人类本性的不断改变而已。"而这正证明着道德对于人性生成的重要性。

（三）人必然以德性塑造人性

亚里士多德的理论启示我们，人类要造就自我的至善境界，首先必须把握自我的人性。然而，当我们深入考察人性问题时，却发现人性领域是一个充满着冲突的领域。从语义学上界说，人性当然必须是人之为人的属性，人的存在显然包括两层含义：人的先天生就的自然存在和后天教育造就的社会存在。人的自然存在有了先天之性，亦即天性；后天的造就有了后天之性，亦即德性。这两者共存于人的本性之中。

人的天性和动物习性一样的存在，与生俱有类似动物的许多诸如趋利避害、求生畏死的特性，这是一个客观的事实。对这一事实，人们总是习惯于去做善或恶的价值判断。一些人认为，"人就其天性而言是恶的"。因为在他们看来，无论是趋利避害，还是求生畏死的本能，都是自私利己的，它只会破坏社会的秩序从而导致人性的堕落。另一些人则与之相反，认为人这种趋利避害的自私的先天之性是善，因为这符合人性的自然要求。因此，对于人的天性问题思想史上曾有过许多善与恶的困惑与纷争。对人的天性无论是恶的诅咒还是善的颂扬，都忘记了一个最基本的事实：自然客观的存在是无法做善恶评价的。绝对自然的东西只是事实问题，而不是价值问题。譬如，性本能的存在，作为一种生理的现象，无所谓善恶，能对其做善恶评价的只能是人们在后天实现它的方式和途径。只是在后天的社会交往中，一些人使自己的性爱显示出优美崇高的道德审美价值，而另一些人则可以使性爱只沦为肉欲的追逐。

在这个问题上，中国古代哲人告子提出的思想无疑是有意义的。在人性善恶的争论中，告子认为就人的先天之性而言，既非性善也非性恶，而是"性无善无不善也"。告子因此做过一个极好的比喻："性犹湍水也，决诸东方则东流，决诸西方则西流。人性之无分于善不善也，犹水之无分于东西也。"（《孟子·告子上》）正是基于这样一个理解，告子提出了一个极富启蒙思想的命题："食色，性也。"（《孟子·告子上》）在告子看来，人的诸如食色之类的天性是无所谓善恶的，善恶产生于人们在自己的行为中如何对待这种天性。告子先天之性无善恶的主张，无疑是对孟子性善论和荀子性恶论的一个进步，也是对人之本性的一个真理性的把握。

因此，真正的人性不是天性，而只能是后天的德性。正是在后天的德性中，显示了人性的善与恶，高尚与卑劣，伟大与渺小。如果做一个比喻的话，那么我们也许可以认为人性中的天性只是一个充满善恶可能性的大括弧，而我们每个人用自己的行动来填满这个括弧的过程则是德性的形成过程。一些人使自己成为德性高尚的人，而另一些人则使自己成为德性卑劣的人。这就正如萨特说的那样，"是英雄使自己成为英雄，是懦夫使自己成为懦夫"。同样可以说，是德性高尚的人使自己成为高尚的人，是德性卑劣的人使自己成为卑劣的人。所以，在天性方面，人类天然平等。但在德性造就中人们有了善与恶，高尚与卑劣的区分。由于人们自己造就自己的德性，所以是我们自己使自己拥有高尚的荣誉和幸福，也是我们自己使自己遭受卑劣的谴责和诘难。

在以德性塑造人性的过程中，需要进一步探讨的问题是，人以德性规范天性从而塑造优美人性何以成为可能？或者说人的道德自我控制能力来自何处？在马克思的历史唯物论看来，这种自我意识和自我控制的能力起源于人之生命的另一种本能，即"社会本能"。恩格斯曾这样解说过这一点："社会本能是从猿进化到人的最重要的杠杆之一。"已有充分的考古学材料证明，最初的人类是群居的，他们以自然形成的部落共同体这一社会形式向大自然开战，谋取自身的生存和发展。社会本能就是以人类这种群体的力量来弥补个体自身能力不足的一种本能，它是对起初还处于孤立状态下的个体自然本能冲动加以限制和抑制的结果。因而，社会本能开始带有自发性质。后来，它在长期劳动的共同交往和合作中得到巩固与强化，日益积淀在个体心理结构之中，从而成为专属人类的理性所拥有的一种社会本能。

人注定是社会存在物，究其根据在于人的生存和发展活动本身是合作的互助的活动，从而是社会的活动。人通过这种必需的、社会集体的活动而获得自主性，人不仅学会了驾驭自然必然性，而且学会了支配社会必然性，从而超越自然存在而达到社会存在。因此，人的社会性首先是活动的合作性、互助性，它是通过社会交往活动这个中介，在社会本能的基础上铸造而成的。也是从这个意义上，可以说，人的社会性集中体现了人类的内在本质。而这种社会性作为一种最本质的人性，便使维护社会关系的道德成为可能，从而也使德性的造就成为可能。

既然人性的善与恶，高尚与卑劣，取决于自我德性的不同造就。因而，德性造就的根据无疑就存在于道德规范之中。因此，从根本上讲，人性作为一种可能性，向善或向恶都是人类行为是否有自觉的道德规范所导致的。

人性之所以需要这种道德规范，那是因为在人性的存在和发展中，人性作为可能性既有向善也有向恶的可能。道德规范的目的就是要规范人性向善的可能性方向发展。的确，在现实生活中，我们总是可以发现在每一个自我身上体现出来的人性既有优美崇高的品行，譬如同情心、善良、利他主义精神、勇敢、正义、节制等；也有卑劣丑陋的一面，譬如嫉妒、仇恨、虚伪、贪婪、纵欲、损人利己等。道德规范的目标和宗旨就是对人性做扬善抑恶的规范。

由此可见，当我们说"人也是动物"时，我们仅是说出了一个事实的存在，即人从自我天性上讲具有动物所具有的各种本能欲望，"自私的基因"的确也对人发生作用。在这里我们是无法做善恶评价的，它们仅仅是存在着的。使人有善与恶、高尚与卑劣、伟大与渺小之分野的，是后天的道德规范。如果我们愿意使自己具有善良、高尚、伟大的品性，那么我们就能够拥有。当然，这里有一个必要的条件：我们必须能够自觉自愿地接受道德规范以限制自我天性。

所以，我们最终的结论是：伦理道德的根据在于人性向善的自觉规范。道德作为人类规范人性、完善人性的需要，是人类永恒的追求。这一点无论是在伦理学的创始人亚里士多德那里，还是在今天流派纷呈的道德学说中，我们都能寻觅到人类理性和意志力图完善人性的努力，尤其是在马克思的道德学说中，更可以深深地感受到这一点。马克思从对人的"类本性"分析开始，深刻揭示了在资本主义条件下人类使自己人性异化的困境和悲剧。在马克思看来，要走出异化就不能把"人身上的一切合乎人性的东西，一概看成与人性相左的东西"。因此，马克思认为伦理学所要追求的就是人之本性的不断改善，造就全面自由发展的自我人性和个性存在。这一结论的实践意义则在于，人性的自觉规范并非只有伟人才能做到，只要我们有健全的理智和意志，就能规范自己的人性，从而使自己成为道德高尚的人。

因此，我们至少应使自己认识到这样一个元伦理学的最基本结论：当人类认识到"人是动物"时，就表明了道德规范的必要性；当人类进一步把握人性，从而得出"人是道德的动物"时，就表明了道德规范对人的重要性；而当人类从更一般的意义上得出"人是理性的动物"时，就已表明人类完全可能使自己成为拥有崇高德性的生命存在，从而与一般的动物分道扬镳。这也许就是孔子在《论语·阳货》中要说"性相近也，习相远也"的基本缘由，因为正是后天的"习"使人性有了善与恶的分野，崇高与卑下的揖别。我们理解，这也就是当代中国哲学家冯契先生提出的"人性就是一个由天性发展为德性""习成而性与成"思想的基本含义。每一个人的自由人性正是从中造就的，人类社会的进步也是因此而得以实现的。由此可见，伦理道德的规范对于人性是充分必要的，而这正是伦理道德规范之于人类的人本学根据。

二、实践启迪：确立企业伦理规范的必然性观念

理论探讨的根本意义在于指引实践。元伦理学从人本学的高度对伦理道德之于人类行为的内在必然性的揭示，对于企业伦理规范的建设无疑是有指引作用的。这个指引作用集中体现在我们必须摈弃对伦理道德之于企业行为是否必要的疑虑，从而有效地确立企业伦理道德的必然性观念。

（一）企业谋利的天性必须制约

企业以谋求利润为天职，这不仅无可非议而且它也是企业经营活动得以进行的充分必要条件，但问题在于，作为人的利己天性在企业经营活动中集中表现为谋利行为，还有一个是否合乎道义的问题。如果我们的谋利行为可能是不合乎道义的，那么伦理道德对于人性的规范必然性就要求我们自觉地以一定的伦理道德规范来制约人性中唯利是图的天性。这种制约对于企业行为而言是充分必要的。

从理论上加以分析，在企业生产经营中这种必须制约的不道德的谋利行为大致上发生于如下两种情形：其一是企业团体的不道德谋利行为；其二是企业中个人不道德的谋取私利行为。下面摘引的一则对西方企业界影响甚大的案例形象地说明了这两种不道德行为的情形。

罗宾斯公司根本无视使用者安全而推销达尔康产品案例。罗宾斯公司总部设在弗吉尼亚州的里士满，是个较小的公司（当时销售额为 1.35 亿美元），但是在十多个国家设有分公司。其麾下有不少名牌产品，诸如惠菲宁（Robitussin）止咳糖浆、润唇膏（Chap Stick）等。应该承认，它绝不是皮包公司，一个多世纪以来，一直为名声极佳的商界成员。

1965 年以来，该公司开始对节育药品特别是宫内避孕器市场很感兴趣。但该公司从未生产和销售过此类医药器具和妇科产品，职员中也没有妇产科专家。但罗宾斯公司知道，作为一类新产品，宫内避孕器潜力巨大。而且最为有利之处还在于，它的生产和销售不必向联邦食品医药管理局申请新药注册。因为该机构只具有药品的管理权，而不具有医药器具的管理权（宫内避孕器属医药器具），生产者不必申请新药注册，以证明药品经充分可靠的临床和动物检测达到了相当的安全指标。

　　公司意识到这是一个机遇，必须占领初步显现的节育药品市场。虽然竞争者已占领口服避孕药市场，而潜力巨大的宫内避孕器市场当时还根本无人问津。这个市场看来尚处于发展初期，没有强劲的竞争对手。但强劲竞争对手杀入的可能却不容忽视，因而罗宾斯公司认为必须迅速打入宫内避孕器市场，并占领市场份额，也就是说，必须先发制人。于是他们购买了技术上尚不完全成熟的达尔康——一种宫内避孕器。

　　为迅速打入市场，公司制订出许多方案，其中一项方案是指定唇膏分公司负责生产达尔康。显然，两种产品风马牛不相及，但出于降低成本的考虑，公司决策者认为，对于这样一种新型而独特的产品，公司其他生产部门也不见得就具有更多的相关性。于是，该公司的此款产品在毫无经验可借鉴的情况下开始进入市场。本来，进入市场之前要求就产品对健康的危害做仔细评估，然而，罗宾斯公司的员工中没有一位妇产科专家。该公司同时忽视了对自己的产品进行试验，而是依赖于达尔康发明者们所进行的有限的调查。尽管不久产品就出了差错，但是罗宾斯公司对他们的调查和检测还是没有质疑。不但如此，公司还借食品医药管理局没有介入之机仓促地把产品推向市场。本应由独立的机构做出公允的评估，确认产品的安全性，但是那样做需要时间，而罗宾斯公司害怕的就是花费时间。

　　意识到一个新出现的、引人注目的战略性时机，这是谋利的好时机，罗宾斯公司下定决心去追求。这本无可非议，但不幸的是，这样的决心忽视了慎重的考虑，甚至道义上的考虑。譬如，使用的大部分产品资料和广告都是来自达尔康发明者一方的戴维斯和勒纳的调查，他们的调查显然是带有偏见的。这两位"调查员"受达尔康经济利益的驱使而忽视产品的安全性，并且在宣传中也决不会提到这一点。因此医生们误信了调查是客观的、无偏见的。不久，其他人研究得出的结论就与广告中所引用的，给人印象深刻的调查数字发生抵触。譬如起初罗宾斯公司的广告宣称，达尔康的怀孕率低达1.1%，可后来研究表明，怀孕率高达5%~10%。但是罗宾斯公司继续在广告中使用1.1%这个数字，直到1973年下半年才做修改，明示了较高的怀孕率。其广告宣传则在继续宣传达尔康的安全性和优越性："即使最敏感的妇女一般也没有异物感，"并且放置时无须麻醉剂。直到众多医生抱怨放置不便时，公司才于1971年11月改动广告词把无须麻醉剂的字眼去掉。但该产品安全、优质的宣传却原封未动。特别重要的是罗宾斯公司继续对重大事故的报道，譬如大出血、骨盆炎等疾病，流产甚至死亡，置若罔闻。事实上这类报道在推出达尔康之后几年中不断出现。

　　当然，人们承认，"安全性"这个词是相对而言的。口服避孕药者也不是完全安全的，它有严重的副作用。然而，越来越多的证据表明达尔康可能导致重大危险，而不是一般性的危险。罗宾斯公司为了公司的利润而对这些危险视而不见，未能从道义上考虑给予慎重处理。

特别需要提及的是，罗宾斯公司宣称其产品是安全无害的，然而，许多迹象表明该公司所掌握的实情并非如此。内部备忘录显示，该公司早在取得达尔康所有权之后不到一个月就了解到其潜在的危险。在后来的诉讼中涉及更多的公司内部备忘录，足足有两三卡车。后来，事情发展到不可收拾的地步时，罗宾斯公司只是投入大部分时间在国会游说，保护自己免遭官司。显然，该公司对以往的过错主要是担心因此受法律制裁，而依然不是对自己的德行进行忏悔。

起初似乎无懈可击的策略现在却被发现存在严重问题。该公司的问题是采取了一切都服务于获得最大利润，为达到目的而可以不择手段的观念。也因此，该公司最后把自己拖入了绝境。

这是一个典型的唯利是图的不道德个案。这一个案的披露曾引起美国企业界关于企业对道义遵循之必要性的广泛讨论，它昭示着一个企业经营者如果不对自己的利己天性进行有效的规范，那么其结果不仅害人而且必然也害己。美国著名的企业伦理学家罗伯特·F.哈特利曾这样总结这个案例的启示：今天的商界必须认识到，这个时代已不再是"买主自行小心"的时代。"买主自行小心"的观念曾统治了商界数十年，但现在已转向"卖主自行小心"观念的时代。产品或者商业行为如果违背公众的最佳利益，就要付出赔偿代价——或者引发顾客怨愤、公众抗议，或者被诉诸法律诉讼。公司如果没有意识到这一点，或者低估了环境的约束，就会大祸临头。

完整意义上的企业伦理学理论诞生于20世纪70年代的美国。有资料表明，在70年代前后，美国工商企业界产生了极多类似于罗宾斯公司无视消费者安全而推销达尔康产品的案件。以至于我们从某种意义上可以说，正是对这些工商企业丑闻的反思，才促使了西方企业伦理学的诞生。

有学者曾这样评析过西方企业伦理学兴起的这一历史背景：在西方各资本主义国家，自20世纪60年代以后出现了许多直接涉及企业伦理问题的社会性运动，其中最主要的有消费者运动，亦称"维护消费者权益"运动。这项运动要求企业在其生产经营中必须充分考虑消费者的需要和利益，坚决反对损害消费者正当权益的行为。这一运动的兴起得到了广大公众的普遍支持，在许多国家和地区还成立了影响颇大的"消费者协会"之类的常设组织，并与有关国家机构、群众团体和新闻媒介等建立了密切联系。在这类组织的作用下，任何欺骗、愚弄和坑害消费者的行为，不仅可以成为公认舆论攻击的对象，而且还可以通过某种渠道和程序向有关企业索赔、起诉，甚至发起大规模的抵制该企业商品经营的制裁运动。在西方，由于这类运动的制裁而导致有关企业遭受重大损失甚至弄得身败名裂的，早已不乏其例。这种社会的压力并不仅仅是一般的道德褒贬，已经直接牵涉到企业的社会地位和物质利益，使企业的伦理问题，成为关系企业生死存亡的重大问题。

正是基于上述种种原因，自 20 世纪 60 年代起，企业的伦理道德问题成为一个受到普遍重视的新课题，企业伦理也作为一个新范畴，成为企业管理学家、伦理学家以及其他社会科学家的研究对象。一门与企业管理学和伦理学均有直接联系的新兴学科——企业伦理学，很快在 70 年代的西方国家初步形成。

由此可见，与伦理学的产生源于对人性中天性的利己行为进行规范一样，西方企业伦理学的产生，也正是基于对企业经营者自私天性的理性规范。

（二）企业伦理规范是对社会责任的理性认同

既然人的利己天性是需要规范的，那么这种规范可能吗？这显然也是企业伦理学所必须回答的问题。正如我们前面所说的，在以德性规范人性的可能性问题上，恩格斯的回答是肯定的。他认为这是人的社会本能，这种本能是人对自己作为社会存在物的理性意识。这种理性意识体现在企业活动中就表现为企业经营者对社会责任的一种自觉的认同。

当然，关于企业履行社会责任的问题，在西方理论界是有争议的。诺贝尔经济学奖获得者密尔顿·弗里德曼就竭力主张"企业的社会责任就是使利润最大化"。他认为，企业有一个而且只有一个社会责任，那就是"在公开、自由的竞争中，充分利用资源、能量去增加利润"。在他看来，企业为了营利，必须生产社会成员所需要的产品，而且要以最有效的方式进行，因而对企业有利也就是对社会有利。

"企业的社会责任就是使利润最大化"的观点虽曾在西方占主导地位，但到了 20 世纪 70 年代，这一观点开始受到广泛的批评。现在更多的学者倾向于，企业应该保护社会大众的利益并在改善社会的活动中发挥积极的作用。著名学者斯蒂芬·P. 罗宾斯就认为，"企业的社会责任是指超过法律和经济要求的、企业为谋求对社会有利的长远目标所承担的责任。"他区分了社会责任（Social Responsibility）和社会义务（Social Obligation），认为一个企业只要履行了经济和法律责任，就算履行了社会义务，而社会责任则是在社会义务的基础上再加上道德责任，它要求企业分清是非善恶并遵守基本的道德准则。另一位著名经济学家哈罗德·孔茨也认为，公司的社会责任就是认真地考虑公司的一举一动对社会的影响。在他看来，这种考虑既是道义上的，更是公司自身发展所必需的。

企业社会责任是企业为所处社会的全面和长远利益而必须关心、履行的责任和义务，是企业对社会的生存和发展在道义方面的积极的参与。企业社会责任的内容极为丰富，既有强制履行的法律责任，也有自觉履行的道德责任。我们承认，人们对企业社会责任的表述不尽相同，而且对这一道义上的责任应履行到什么程度也意见不一。但有一点是显而易见的，就是在现时代大多数人已放弃了狭隘的经济责任观点，而把企业社会责任看作包含经济责任、法律责任和道德责任在内的一种综合责任。显然，这是对企业社会责任认识的质的飞跃。

企业社会责任中的道德责任实际上包括两层含义：一是履行经济责任时要讲道德，不能损人利己；二是除了履行经济责任以外，尚需为增进社会福利做出贡献。企业伦理学所指称的企业履行社会责任主要是围绕上述这两方面内容展开的，而这也是企业伦理道德之所以必要的最基本依据。

在我国学术界曾有学者把目前人们所接受的企业社会责任概括为如下六方面的内容：①对消费者：价格合理，质量保证，使用方便、经济、安全；②对供应者：恪守信誉，履行合同；③对竞争者：公平竞争；④对政府、社区：执行国家法律、法令，保护环境，扶持社区建设；⑤对员工：公平、安全的就业机会，教育培训和利润分享；⑥对全社会：资助社会公益事业，资助文化教育、体育事业。

（三）企业伦理的两大基本规范：信任与责任

对企业经营活动所涉及的社会关系进行归类，大致可分为两类：一是内部的，与供应商、与顾客、与企业员工的关系；二是外部的，与社会、与国家的关系。由此，企业伦理作为对人性的一种自觉的理性规范，也就可以划分为两大规范体系。这些规范体系又由许多的具体规范体系来构成，这些具体规范体系的形成不仅受企业经营活动义利统一的经营本质影响，而且也受社会制度、传统习俗甚至地理环境因素的影响。我们显然无法罗列其中的细目，但我们可以从普遍一般的层面对这两类规范体系所体现的道德责任进行总体的探讨。

企业伦理在处理企业生产经营内部的社会关系时，其道德规范主要指向与供应商、与顾客和与企业员工这样的三层关系。这三层关系中的一个基本道德规范可以概括为信任。

美国企业学家戴维·J.弗里切曾这样说过信任这一德性规范："信任由

三个基本要素组成：可预见性、可依靠性和依赖。可预见性可以避免出乎意料的情况，这种情况在商业环境中通常是不受欢迎的。可依靠性提供保证，确定可以依赖一个人，他将按所期望的去做。依赖是相信一个人会一直是可预见和可依靠的。当面对某种风险时，就出现了对信任的需要。当一个人获得实际经验而对另一人产生信任时，他感到与其进行交易的风险下降了。因此信任是一种降低风险的机制。"他认为这种可信任具体表现在以下三个方面。

一是与供应商关系中的相互信任。供应商通常称供货商，他们提供给企业进行商业活动所需要的产品和服务，包括原料、产品、信息服务、咨询服务、金融服务、财务服务和计算机服务，但不仅限于这些。因此，供应商是商业组织的一个重要利益相关者。一个企业常常与它的一些供应商长时间进行商业交往，发展交易关系。显然，交易关系若能基于双方信任的基础之上，双方都相信承诺会得到兑现，就可能最大程度地减少出乎意料的情况，大大降低购买过程中的风险。因此，经营活动中的相互信任感能促进合作。

可以肯定地说，相互信任能提高交易的效率，因为各方都能相信另一方会以一种可预见和可依靠的方式行事。当好信誉得到保持而且所有承诺得到兑现时，购买方就得到了供应商的信任。而当购买方有欺诈行为，譬如挑拨两个供应商反目以获得有利的价格条件，他就会失去供应商的信任。对价格的其他做假行为，包括说谎和欺骗，也会毁坏信任。购买者如果有欺诈的行为，那么他的坏名声会使其与供应商的交易变得困难，并会降低该购买者及其企业的价值。欺诈行为的名声还会使一个人再找工作时比较困难。在购买者像希望别人对待自己那样对待供应商时，基于信任的交易关系才会发展起来。

相互信任的交易关系给购买者带来几个重要的益处。它可以得到可依赖的货源。购买的货物应有使人满意的质量，并应及时提供。这样本来花在频繁的质量检验和运货检验上的时间，现在可以用到更能提高生产效率的其他地方了。在货物储存供应不足而难以获得时，这种交易关系会使获得所需物品的机会提高。因为供应商将会首先满足与他们建立了交易关系的顾客，然后再满足其他顾客。

二是与顾客关系中的相互信任。顾客通常也就是用户，用户这一概念，是指作为企业服务和企业产品的享受者、使用者的各个社会集团、社会组织或社会成员中的个人。自近代以来，由于产品经济向商品经济转变，企业越来越成为独立的经济实体，市场的竞争越来越激烈，而企业与市场的关系，最主要、最根本地就反映在企业与用户的关系如何上。用户对企业的态度和意见，对企业的兴衰、成败起着决定性的作用。在这里，企业是否能保持与用户良好的道德关系，就成了企业生死攸关的大事，也成了企业自我评价的一个重要方面。因此，在与顾客的关系上，营销人员必须做到可依靠、诚实、有能力和处处为顾客着想，以获得顾客的信任。顾客则依靠供应商在承诺的时间提供质量满意的产品和服务而获得对企业及其产品的信任。

在这种关系中，诚实是信任的支撑，实力则是信任的前提。顾客总是依靠销售人员，他们是现有的或新的产品和服务信息的来源。一个销售人员只有从顾客出发，把购买者放在首位，提高了顾客满意度，才能增加信任。显然，这种可信任的交易关系必然会给供应商带来一些重要的益处。它提供了一个长期顾客群。顾客如果信任供应商，就可能一直与他们保持关系。

自 20 世纪 60 年代一些发达国家提倡"消费者利益主义"运动以来，保护消费者利益的呼声已成潮流。近几年来，我国各大中城市先后建立了消费者协会。1987 年 9 月，我国进入国际消费者联盟组织，并成为该组织的正式成员。目前，我国全国性的有关保护消费者权益的立法也已出台。这说明，企业对用户（消费者）的道德责任已受到社会各界的广泛重视。因此，企业向用户提供产品或劳务，就要使其能满足用户的愿望和要求，在消费者中建立信任和争取支持，从而形成良好的道德关系。这不仅是企业应当承担的道德责任，也是企业生命力之所在。

然而，在企业产品的可信任问题上，由于我国尚处于社会主义初级阶段，商品经济的发展还很不充分，当市场竞争机制被引入企业生产经营活动后，一些企业见利忘义，不愿生产那些本大利薄、但为用户所需的产品，不愿耗费企业人力、物力和财力进行各类产品售后服务。有少数企业为牟取暴利，甚至置法律于不顾，以假充好、以次充优，采取坑蒙拐骗等手段，推销假冒伪劣产品，做出种种损害消费者和用户权益的行为，给国家、企业和消费者个人的利益造成重大损害。这些企业无疑应当受到社会的道德谴责和国家的法律制裁。

三是与员工关系中的信任。这个关系中的彼此信任在企业内部适用于上下级及同级之间。信任的气氛能增进交流，带来更强的可预见性、可依靠性和雇员的信心，减少雇员的流动和雇员间的摩擦，更开放、更情愿地听取和接受批评，而不是对批评采取抵制的态度。

著名的美国通用公司在关于雇员间信任的研究中发现以下五个重要的因素：

（1）组织内部从上到下和从下到上开放、诚实的交流观念。

（2）公平地、始终如一地对待各雇员群体。

（3）工人与管理者间拥有共同的目标和价值观。

（4）取消密切监督，使雇员们自治，这是对雇员个人信任的标志。

（5）管理层能得到关于雇员表现和职责的反馈，同时也发出反馈信息。

信任有助于企业产生凝聚力。我们可以把它比喻为一种磁场，它可以把企业职工凝聚在一起，并产生一种强大的力量，使每个员工都为企业的整体利益和目标最大程度地发挥出自己的能力，为本企业努力工作。譬如，日本著名的松下电器公司，以"松下基本纲领"（或基本企业原则）将全体职工团结在一起，要求职工"认清我们身为企业人的责任，追求进步，促进社会大众的福利，致力于社会文化的长远发展"，努力培养职工的"松下精神"信念，以激励员工的工作热情。这种内聚力，对充分发挥职工的工作潜能，显然起着相当大的作用。这种表现为企业与员工道德关系状况的凝聚力，毫无疑问是至关重要的。

在1997年的美国经济学会中，哈佛大学的四位经济学者共同发表了一篇实证研究论文，指出人与人之间（特别是彼此不熟悉的"陌生人"之间）的信任感是一个国家行政效率与企业规模的重要因素。该研究发现，人民对陌生人的信任程度越高，政府的行政效率越好，也越有可能出现大规模的企业。根据对40个国家的比较，该研究发现北欧人对陌生人的信任感最高，而南美人对陌生人的信任感最低。事实上，两个地区的政府与企业的表现，也正好符合该研究的预期。

为什么对陌生人的信任高低会造成这些成果呢？因为对陌生人的信任决定人际间的合作关系，无论是政府机关或大型企业都雇用许多员工，这些员工彼此之间未必很熟悉（换言之，彼此是陌生人），但他们会因业务需要而必须共同完成某些任务，这些任务能否圆满达成，取决于员工是否能够彼此信任合作；反之，彼此之间就难以合作。组织的规模越大，组织成员越可能需要与平日不大熟悉的同事合作，假定员工不能信任陌生人，企业规模就很难扩大。

企业在处理企业生产经营的外部社会关系时，其要规范的行为主要表现于与社会、与国家的关系之中。处理这类关系的核心道德规范可以概括为负责任。

企业对社会的关系表现为，一方面，企业的兴衰直接影响着社会的兴衰；另一方面，社会的存在，又是企业存在的充分必要条件，社会的稳定和繁荣是企业生存和发展的前提。如果一个企业在生产和经营活动中的行为违反了社会利益与社会安定，那么这个企业就丧失了存在的基础。

也就是说，企业与社会的关系表现为一种同步关系，而由这种关系反映出来的企业与社会的道德关系，便体现在企业自身应承担的社会责任上。这种责任具体体现在企业行为与社会的习俗、道德观念、自然环境的交互作用上。譬如，当今普遍存在的工业企业排放废渣、废水和废气的问题。在美国威尔士一个叫阿伯凡的地方，堆积的工业废渣竟达100多年之久，废渣最终滑下山谷淹没了一所学生们正在上课的学校；1952年，英国伦敦遭到有毒烟雾的袭击，导致3 000多人死于呼吸道疾病；1953年，日本水俣海湾的渔民出现狂怒症，许多人精神失常或死亡，其原因在于吃了受工业污染的贝类，"水俣病"因此而闻名于世；20世纪80年代中期，印度和美国联合碳化物公司的毒气泄漏以及当时的苏联契尔诺贝利核电站泄漏，酿成了两大惨案。这些悲剧的发生，说明企业排放工业废物已不单纯是企业自身的生产经营和管理问题，它必将影响附近其他企业的生产经营、居民的生活以及周围相当范围内的区域环境。同时，它还会引发诸多社会问题和政治问题，甚至还会牵涉到国际的关系。由此可见，企业行为直接关系到一个国家、一个地区的经济发展、社会安定和人民的健康幸福，甚至关系到整个人类社会的生存和发展。

企业对外的道德关系，还通过企业同国家的关系表现出来。国家作为社会的集中代表，其重要职能就在于对社会进行宏观调控和统一管理。因此，任何一个企业组织，都必须服从国家的管理，把维护国家法律和保障国家整体利益视为自己神圣的道德责任。

这种责任集中体现在当国家倡导的政策法规与企业的生产经营和经济效益发生矛盾时，企业应该怎样抉择自己的行为？譬如，由于燃放鞭炮可能造成的危害，国家对生产烟花爆竹有一定限制，并三令五申要求注意安全，以保护人民的生命、财产。然而，对企业来说，这类商品为社会习惯所接受，有着极其广泛的消费需求和较大的利润。这时，企业自身的利益与国家的倡导产生了矛盾。企业如何处理这一矛盾呢？是对国家的倡导置若罔闻，置人民生命财产安全、生态环境的污染于不顾，还是自觉承担自身对社会的道德义务，改进其生产经营，尽力避免有可能发生的对人员的伤害和对环境的损害，在必要的情况下，甚至牺牲企业自身的某些利益？这不能不说是一场严峻的道义上的考验。特别是在现代企业制度下，国家对企业的直接干预日益减弱，企业获得了更大的独立性和自主性，道德调节的作用将日益加大，这就更需要企业自觉地承担其道德责任。

通过以上对企业伦理所必须处理的两大社会关系的考察，可以概括出两大基本规范：可信任与负责任。这是企业伦理规范对人性中谋利之天性进行理性约束，从而生成基本的经营德性的两个重要方面，也是我们从元伦理学考察人为什么要有道德之结论对企业伦理实践的启迪之所在。

第二节　自由的辩证法与企业自主经营中的自觉规范

元伦理学考察的人性的规范问题，实质上也就是自由人性的实现问题。自由从来不是随心所欲，自由恰恰存在于以必然性的规范来约束自我人性的过程之中，这正是自由的辩证法。而元伦理学对自由人性与规范之必然性关系问题的探讨，又为工商企业自由自主地从事经营活动与自觉规范经营行为中的不道德冲动的辩证关系，提供了理论依据。

一、理论背景：自由人性与规范必然性之间的辩证法

从最一般的意义上讲，任何道德行为都必须是行为主体自由选择的结果。亦即一个道德行为必须是由道德主体根据自己的意志而自由做出的抉择。倘若是在"除此之外别无选择"的情况下做出选择，那么这种行为无论是多么"崇高"或"卑劣"，都不构成道德行为，从而行为主体也不承担道德责任或享受道德荣誉。因此，讨论道德问题离不开对自由问题的探讨。

（一）自由与必然问题的思想史考察

在古希腊，最早的一些伦理学家已在一定程度上意识到并初步探讨了道德自由与客观必然性的关系问题。譬如，赫拉克利特就把"逻各斯"（即必然规律）视为伦理的普遍原则，在他看来，人应服从普遍的必然性，只有服从"逻各斯"命令的生活，才合乎伦理道德。所以，他认为道德就意味着认识和服从"逻各斯"的必然性，即严于律己、克制情欲。17世纪荷兰哲学家斯宾诺莎更是在《伦理学》一书中，精辟地论述了道德自由与必然的关系问题。他认为伦理学的任务就是认识必然、控制情欲，把自我和自然（"实体"）统一起来，以取得自由，达到人性的圆满和个人的永恒幸福。在他看来，人的理性只要能认识必然就将不受情欲和本能的支配，这样，自然规律和必然性对人就不再是消极的约束。而一旦人们意识到这种必然性的约束是积极

的、必要的，那么人也就摆脱了命运的宰割，达到了自由和"至善"的境界。

除了上述思想家以外，西方伦理思想史上诸如霍布斯、拉美特利、霍尔巴赫等对道德的自由与必然性的关系问题也做了不同程度的探讨。他们一般地也都认为意志自由无条件地受客观必然性的制约。这些思想无疑是有意义的，因为它至少揭示了人的道德自由与必然性是有关系的。然而，无论是古希腊的赫拉克利特，还是近代的斯宾诺莎，都陷入了必然决定论之中。他们事实上把自然界中客观规律的决定关系和人性中的意志自由与必然性的相互制约关系混为一谈。在他们的理解中，人的行为就像行星的轨道那样是被预定的。正是因为这种机械决定论有明显的片面性，在其后的西方伦理思想史上便有了与之对立的唯意志主义。

唯意志主义的伦理学理论产生于19世纪，它是在叔本华那里产生，在尼采那里集大成的。后来萨特的存在主义伦理学则继承和光大了这样一个传统。叔本华声称，世界的本质是"生命意志"，所谓的客观必然性是没有的。尼采则走得更远，他把"强力意志"视为取舍一切道德的标准，并在此基础上提出了他的所谓英雄主义道德和鄙视一切必然性限制的"超人"理想人格。萨特在其存在主义伦理学中则宣称人的自由选择是不受客观决定论和上帝制约的。所以，萨特在《存在主义是一种人道主义》中说："人，不仅是他所设想的人，而且还只是他投入存在以后，自己所愿意变成的人。这是存在主义的第一道德原理。"

萨特认为，只有存在主义才第一次真正揭示了人的自由本性。的确，我们承认人当然有自己愿意变成怎样之人的设想，这种自由设计的能力正是人和动物的区别之一。但问题是，萨特无疑赋予道德主体太多的自由品性了。事实上，人的自由设想常常要受一定社会的客观必然性及一定的社会历史条件的限制。正是在这一点上，唯意志主义伦理学在自由与必然关系问题的探讨中陷入了另一个极端。由于否认了道德规范的必然性，道德选择事实上也就失去了依据，自由也就成了一句空话。无论是叔本华、尼采，还是萨特自己的人生实践也证明了这一点。

人性中的意志自由和道德规范必然性的关系问题，先秦以来，许多思想家也都探讨了这一问题，其中尤以儒家的探讨最为详尽。儒家首先肯定意志自由的可能性，所以孔子称"三军可夺帅也，匹夫不可夺志也"（《论语·子罕》）。据此他认为"为仁由己"（《论语·颜渊》）。荀子更是充分肯定了意志（心）的自由："心者，形之君也，而神明之主也，出令而无所受令。自禁也，自使也；自夺也，自取也；自行也，自止也。故口可劫而使墨云，形可劫而使屈伸，心不可劫而使易意；是之则受，非之则辞。故曰：心容其择也，无禁心自见，其物也杂博，其情之至也不贰。"（《荀子·解蔽》）以宋明理学为代表的后儒直接继承了这一思想，如陆九渊就竭力主张"自得、自成、自道，不倚师友载籍"。

其中尤其值得称道的是，儒家虽然强调人性中的意志自由，但同时又承认"天命"。作为必然性对人性的限制，孔子就认为"不知命，无以为君子也"（《论语·尧曰》）。因而他有"五十而知天命"和"七十而从心所欲，不逾矩"（《论语·为政》）之说。在自由人性和必然性对自由人性的限制问题上既承认天命，又不废人事，这是儒家对意志自由的正确理解。也因这样一个理性前提，儒家的人生态度从孔子起就主张"发愤忘食，乐而忘忧"，这个思想对我们民族性格的影响无疑是积极的。

但是，我们也应看到，由于儒家把必然性理解为一种带着神秘色彩的"天命"，所以，儒家文化在对待"天命"的问题上又充满了宿命论色彩，亦即所谓的天数茫茫不可求、只可遇。这样，意志自由问题在儒家那里便又丧失了认识论前提，神秘的天命作为必然性是不可知的。所以，我们看到在中国传统的人生伦理观上沉淀了浓厚的"生死由命，富贵在天"的宿命论成分。

与儒家相反，道家似乎更注重"无倚""无待""无凭"的彻底逍遥的精神自由。庄子把这种自由具体描绘为"若夫乘天地之正，而御六气之辨，以游无穷者，彼且恶乎待哉？"（《庄子·逍遥游》）这无疑又走向了另一种片面性，带有唯意志主义的色彩。

其实，对人性造就中的意志自由与客观必然性的关系问题的真理性认识，存在于宿命论与唯意志论两种对立的观点之间。一方面，正如恩格斯所言："自由不在于幻想中摆脱自然规律而独立，而在于认识这些规律，……意志自由只是借助于对事物的认识来做出决定的能力。"另一方面，意志自由又不是简单地受制约于必然之则，而是在其中渗透人的自由选择以及个性倾向、兴趣、情感等主体性因素。我们认为，只有这两方面的相互作用，才完整地构成道德生活实践中真正现实的自由选择。

（二）自由问题上的辩证法

在人类思想史上，自由自古以来就被认为既是人类进行一切活动的前提，又是人类活动所追求的目的。所以，马克思在《1844年经济学哲学手稿》中说："一个种的全部特性、种的类特性就在于生命活动的性质，而人的类特性恰恰就是自由的自觉的活动。"我们认为，把自由视为人的类特性无疑是马克思最精辟和最深刻的思想之一。

作为人类自觉活动前提的自由，既包括一定历史时代给人类提供的按自己的目的和愿望行动的可能性，也包括人类独立地按自己的愿望在这些可能性中做出决定并采取行动的能力。在这其中，社会历史时代提供给每一个主体按自己的意愿行动的可能性，是指一种外在的自由。这是人们既得的由一定历史条件所决定的自由，它包括有利于人们在活动中实现自己目的和愿望的各种条件，尤其指一定的社会经济政治制度和社会环境。显然，缺乏外在的自由，会使人的活动处处受限制，特别是在专制社会中人只能被动地听任环境的左右，在他们心灵中被强横地注入低贱、卑微、奴性、盲目、顺从等不自由的道德品性。而人独立地在社会历史提供的可能性中做出决定和采取行动的能力则是指主体内在的自由。这是一种作为道德主体的人的类特性，是一种意志的自由。亦即自由人性在道德活动中是以意志自由来表现的，这是人们在行动中的一种凭自己意愿进行选择的自由。内在的自由作为意志自由对人的活动起着指导和决定的作用，因为这是人作为主体的一种自决能力，它使人在任何事物面前说"要"或者"不要"，它赋予人反抗命运和环境的坚毅精神及内在力量。从这个意义上我们可以说，没有意志自由，就没有人的活动。

意志自由或称主体的内在自由是人类和动物界揖别与分野的根本所在，是人性和动物性相区别的内在标志。人为了摆脱各种自然界的、社会的和人本身本能的奴役，必然要在理性的觉悟和指引下，通过自主的社会实践活动去实现自由目标。这是人的一种"类的特性"，也是人之为人的标志和尊严。也因为这样，人类才对自由抱有非常神圣的牺牲精神。那种"不自由毋宁死""若为自由故，两者（生命和爱情）皆可抛"的崇高精神本身就体现着人类所维护的自由人性的价值和尊严。

显而易见，无论是外在的自由，还是内在的意志自由，都是通过人的活动才实现的。这种活动的一个重要表现就是道德的选择活动。在道德选择中，意志自由具有最广泛的活动天地。因为道德从本质上讲是"人自觉为自己立法"的过程，所以，它没有外在强制力量的参与和干涉。道德活动特别强调主体的内心信念，特别强调意志的自由选择。在道德实践中，意志自由具体表现为道德主体在善与恶、道德与不道德之间有做出抉择并采取行动的自由。特别重要的是，道德主体的这种意志自由正构成道德活动的前提，也是确认个人行为之道德责任或道德荣誉的内在根据。

但是，在道德生活的实践中，我们又会体验到意志自由仍在受着客观必然性的制约。也就是说，道德选择作为人的自主活动，还是有条件的，它必然要受道德主体以外的客观必然性的制约。这种必然性表现为两种不同的形式：其一是自然和社会发展的客观规律的限制。这是任何主体活动所必须遵循的，道德活动自然也不例外。其二是道德规范或称"道德律"的限制。这是人类在追求道德自由活动中所必须遵循的更直接、更普遍，同时也更体现道德活动特殊性的必然性。特别值得指出的是，道德规范之所以也是一种必然性的东西，是因为从根本上讲"道德律"正是人类社会和自然界最一般客观规律的体现，它体现着"天道"和"人道"的统一。

道德规范的必然性是道德自由活动中最大的制约力量。人类活动中一般的自由与必然的关系问题，在道德活动中就表现为道德选择中意志自由和道德规范的必然性之间的关系问题。

如果做具体的分析，我们可以发现，在道德实践活动中，外在必然性对意志自由的限制主要通过如下两个途径实现：其一，当历史条件、社会环境还未提供道德意志选择的客观可能性时，道德主体就不能对行为进行"要"或"不要"的自由抉择。特别是当人类对自然规律、社会规律惘然无知或知之甚少时，道德的自由永远是不可能的。其二，当人们在进行道德自由选择时，由于选择了"恶"或不道德行为，这时道德规范作为一种必然法则便会通过外在的社会舆论和主体内心的良心这一道德心理机制限制道德主体的自由。

因此，我们的结论是，道德实质上是主体在自由和必然之间进行选择的一种活动。意志自由在很大程度上就体现为争取道德自由的能力。人们既可以正确地使用这种能力，以它为中介达到道德的理想境界，也可以放弃这种能力，把任性当作"自由"从而沦为自己恶劣情欲的奴隶。从表象上看，当个人把历史必然性、把社会需要、把对行为后果的责任弃置一旁，任凭自己一时的好恶进行选择时，这种我行我素、随心所欲的表现似乎十分自由，但事实上，这种自由却是一种毫无规定性的、主观的空虚自负，黑格尔曾称之为"虚假的、形式的自由"。道德主体在这里恰恰是最不自由的，因为他不自觉地沦为自己本能、恶习、情欲的奴隶，从而导致道德情操和人格品性的堕落。

因而，"自由在于对必然的认识"（恩格斯语）。道德自由就在于对道德规范的必然性进行认识并依这个认识而行动。在这个过程中，道德主体是否自觉地认识和把握道德必然性具有重要的意义。它是获得道德自由的认识论前提。没有道德主体对道德规范必然性以及作为这些必然性展开的诸如义与利的关系，群体和个体的关系，社会发展的需要与自我发展的需要的关系的正确认识，即使社会历史提供了最大程度的道德选择自由，道德主体往往也要惘然不知所措，从而根本无法获得真正的自由。

道德自由的获得须以对道德必然性的认识为前提，但又不能仅停留在认识的阶段。显然，正确的认识只为自由提供理论上的可能性。要使自由获得直接的现实性，就必须在认识必然性的基础上发挥自由意志，通过道德实践中的积极选择，塑造和完善自己的人格和性情，不仅逐步摆脱过去的坏习惯或情欲的控制，而且也日益摆脱"偶然的意志"、任性和冲动的驱使。只有这样，道德主体才能真正获得现实的自由，开始使自己的道德活动在实践中走向"自律"的境界，亦即走向孔子所说的"从心所欲，不逾矩"的理想境界。

道德从必然走向自由，从外在限制走向"自律"，其中对意志自由的正确理解和发挥是关键。因为对社会历史条件的认识和利用，以及最终实现超越现实的"从心所欲"，都须在意志自由的一连串努力中才能实现。正是在这个意义上，没有意志自由就没有道德自由。道德自由既是意志自由在道德选择中追求的目标，同时也是意志自由活动的结果。

我们应该看到，道德主体的意志自由是以认识必然为前提的，在实践选择的过程中，意志自由也必须处处遵循这种必然性。在意志自由的选择过程中，道德必然性往往以道德责任表现出来。所以，自由与责任密不可分，自由应该被理解为可负责任的状态。自由包含责任，责任体现自由。正是从这一点出发，道德自由的境界同时也是对行为高度负责的境界。具有意志自由的道德主体在道德实践的自由选择中同时要选择道德责任。这是人的主体性的内在标志之一，也是道德主体不能轻松自在地在道德之境漫游而注定要背负重荷的原因。当然，行为主体对道德责任的负责，又是有限度的。这个限度是由客观条件所提供的可能性，以及社会道德关系规定道德主体所应履行的义务决定的。否则，道德责任又会沦为一种过于沉重的异己力量而迫使道德主体丧失自由。

所以，我们的结论是，道德的自由选择是人类道德活动的主旨。每个人都是道德选择的主体，善或恶都是人运用自己的意志进行自由选择和创造的结果。人通过善或恶的选择塑造自己的德性。人正是在道德的自由选择中，从而也是在对道德必然性的认识和实践中不断实现自己的道德价值，并从中体验到自己生命中"善"的蓬勃生机的。这正如歌德所说的那样，只有每日去开拓生活和自由，才有权享受生活和自由，也才能体验到做人的目的。

（三）道德自由的真正获得

人类社会本身就表现为一个不断地由必然王国向自由王国飞跃的过程，这也是一个人类不断获得和占有自己"自由自在"这一类特性的过程。道德实践的发展同样也要表现为这样一个过程，即道德主体在认识和把握了道德规范必然性的基础上，获得越来越多的意志选择的自由。

　　在这个过程中，人类所特有的理性与意志是道德主体在意志自由与道德规范必然性的矛盾对立中实现自主选择的精神保障。有一种观点认为道德规范对自我的限制是一种无可奈何或至少是人性不自由的表现，其实这是一种极大的误解。从根本上讲，人的行为是有自由就会有限制，有限制也才会有自由。如果一切都可以为所欲为，那么社会就将陷于无秩序的混乱，还奢谈什么自由？这就正如某诗人所说，太阳是自由的，但这个自由来自它顺从自己的运行轨道；飞鸟也是自由的，但这个自由是因为它只想展翅于蓝天，而从不奢望遨游大海。同样，人在道德领域里的自由也必须遵循一定的社会道德规范。这种道德规范的限制恰恰是自由得以可行的必要保障。这就正如歌德的一段名言："一个人要宣称自己是自由的，就会同时感到他是受限制的。如果他敢于宣称自己是受限制的，他就会感到自己是自由的。"歌德在这里虽然是从一般意义上论述自由和限制的辩证关系，但无疑适用于我们对道德行为中自由与限制的关系的理解和把握。

　　限制和自由一样是神圣的。自觉愉快地接受道德规范的限制，恰恰是我们自由地造就道德理想人格的必要条件和主体保障。

　　事实上，在我们现实的道德生活中，一些人不能自觉自愿地规范自己，这与他们对人的理性和意志缺乏信心是相关的，人来源于动物界这一基本事实，预定了人有许多动物般的本能和冲动，这些本能和冲动真实地存在于人的本性中。但人毕竟不是一般的动物，因为人还有理性和意志。人类从最初开始为自己确立风俗习惯等行为规范时候起，就已在以其所特有的理性与意志来把握和创造自己的生活。动物没有理性和意志，只有听凭于本能的冲动，所以动物没有道德行为规范，有的只是追逐、厮杀、弱肉强食。黑格尔曾异常精辟地指出过一点："动物也有冲动，情欲倾向，但动物没有意志，如果没有外在的东西阻止它，它只能听命于冲动。冲动是一种自然的东西，但是我把它设定在这个自我中，这件事依赖于我的意志。"

　　如果说人由于具有"自私的基因"之类的天性而使得道德规范成为必要，那么正是人所特有的理性和意志而使道德规范成为可能。这是一种现实的可能性，那些沉湎于欲望放纵中的人，或者那些深感自己已沉沦于道德迷途而无力自拔的人，那些为良心谴责而惶恐不安的人，只要他们愿意，他们的理性和意志就一定能使他们从自私和不安中走出来，使自己变成一个有着优美德性与品行的人。我们应该坚信，只要人性中的理性和意志没有泯灭，那么对自我行为的道德规范就能有效地确立。这是人之为人的根本和自信，更是人追求自由人性和理想人格的必然要求。

　　所以，人类的道德实践在理性和意志的充分保障下，通过对自由与必然的关系的准确把握，是可以从中获得真正的意志自由的。

如果我们对道德实践做具体的分析和审视，就可以发现，其自由的获得还有一个从"消极自由"走向"积极自由"的不同阶段。消极的道德自由是指个人在道德抉择中为摆脱外在力量的制约、避免异己力量对实现自己目的的限制所进行的选择的能力。它通常表现为个人在欲做符合自身愿望和兴趣的事情时遇到外来的、体现着社会群体意志的道德规范的阻碍，于是，个人只得放弃或者改变自己的初衷。在这种情况下，个人的道德活动虽然符合道德规范，但他内心的道德认识、道德情感、道德信念等都可能与社会的道德要求相抵触。

从这个意义上看，个人的行为是"被迫的"，因而也是"不自由的"。但个人在这种情况下行动与否或如何行动，又是经过深思熟虑和审时度势的，因而从行为的发生意义上讲，最后的决定终究还是出于"自由"的抉择。当然，这种自由仅局限在外在条件许可的范围内的被迫的抉择。虽然行为者做了"自由"的选择，但行为动机和目的与真实愿望并不完全一致，甚至可能恰恰相反。因而，这种行为的"自由"实际上是消极的、被动的和有局限性的，或者说这是一种不自由的"自由"。

在个体道德实践的过程中，处于前道德阶段和习惯道德阶段的个人所做的道德选择都在不同程度上带有强迫性。前道德水平的人，其道德认识能力仅限于对自身利害的考虑，他们的行为动机、愿望和目的都是为了自身利益。因为行为主体知道如果不顾社会利益，甚至损害他人的利益去行动，就会受到社会的惩罚。这种社会道德规范使个人产生恐惧感，并由于恐惧不得不在行为之前对可能产生的后果进行权衡，最后才选择有利于或至少无害于社会的行为。习惯道德阶段的人，他们明确意识到自身利益和社会利益的区别，并能根据社会道德准则考虑行为的抉择。然而，他们之所以这样做，并不是出于对他人、对社会利益关注的道德情感，而是基于他人的道德评价，即是在他人的赞许或谴责中，出于羞耻、义务和良心而不断调节自己的行为。对他们来说，社会舆论给予赞扬的行为就可能成为日后选择同一类型行为的榜样，而受到谴责的行为在日后选择时就会力求避免。

与前道德阶段的人相比，道德个体在习惯道德阶段有了更大的自觉性和自由度。可尽管如此，这种比前道德阶段相对扩大的自由依然是消极的、被动的。因为促使他们不做不利于社会的行为的出发点是社会外在的评价而不是自我内心的评价。一旦离开社会外在的道德评价，即使他们能按习惯做出判断，但在道德情感上也往往更倾向于对自身利益的关心，他们对社会和他人依然缺乏强烈的道德责任感。因此，习惯道德阶段中的人的行为需要监督，而监督的本身就意味着强迫。

在现实的道德实践中，许多人都处于消极的道德自由状态。但无论如何，这种消极的自由中毕竟也包含着积极的意义。这就是说，个人道德选择中消极的自由反映出人们在个人愿望、个人目的与社会要求不一致时，能够自觉地以社会要求为标准，放弃自身的某些利益，服从社会整体利益。我们不能指望每一个人的个性需求、主观愿望都和社会要求完全一致，更不能苛求个人在放弃自身利益时没有任何内心冲突。重要的仍在于一个人最后的行为选择方向，只要合乎社会道德要求的总体目标，维护了社会整体利益关系的实现，我们的道德评价就完全应该加以认可，而不应该强求人人都与社会绝对一致。

积极的道德自由是指主动克服各种力量对自身行为的强行限制，在社会道德面前不是被动地顺应和服从，而是主动地按照这种道德要求自由选择和自由行动。获得积极的道德自由的人们在自身利益和社会利益发生矛盾时，无须社会强制就能主动克服利己情感，在理智和情感的冲突中，自觉地用理智控制情感。当然，这并不意味着内心道德冲突的消失，而是指在冲突面前能凭借高度的道德认识、强烈的道德情感、坚定的道德意志和道德信念战胜来自内部与外部的诸多障碍，从而自由地选择善行。在这个过程中，道德实践者的选择完全出于自觉自愿，无须社会和他人的任何监督。

显然，个体道德发展的最高阶段——自律阶段才具有这一积极的自由特性。处在这一阶段的个人，在长期的道德生活中，对自身利益和他人利益的关系有了正确的认识，深刻地把握了道德规范的必然性，因而就能自觉自愿从而也是自由地遵循社会整体的道德要求。他们在利益冲突面前，不再以外部标准、强制力量来约束自己，而是把社会道德要求转化为内心的道德要求，成为自我人格中必不可少的一项素质和品性。正因为这样，道德个体在实践中才具有了最高度的自由。

可以肯定地说，这种自由并不是指那种随心所欲的绝对自由，而是指内心克服了各种外在障碍的高度自觉的自由。行为者不仅遵循道德准则，而且也主动为自己确立道德准则，所有的遵循、服从完全是合乎自己的意愿的。正是从这个意义上可以说这是真正的道德自由，亦即我们所指称的积极的道德自由。这种自由的获得，从道德修养的心路历程而言无疑是最高德性境界的实现。

二、实践启迪：自主经营中自觉规范的有效确立

在企业的自由自主经营中，自由人性得以最充分的凸现和展露。但根据自由与必然的辩证法，自由人性显然又是受法律与道德规范等必然性制约的。因此，在企业活动中，形成自觉的规范意识恰恰是企业自由自主经营得以实现的重要保证。

（一）自主经营中对刚性规范的自觉认同

市场经济在它几百年的发展历程中，以无数的事实表明，完整意义上的市场经济必须是一种法制经济，法律规范从来就是企业经营活动的一种刚性的必然法则。法律规范不同于道德规范，但现代企业伦理学几乎毫无例外地要涉及法律这一刚性的必然规范。因为同样作为人的行为规范，法律和道德在具体内容上有着种种的一致性。道德所禁止或许可的，法律往往亦相应地禁止或许可。譬如：制造伪劣产品、坑蒙拐骗、哄抬物价实属道德败坏之行为，法律一般也予以严格禁止和惩治；诚实信用、价格合理等优良的商业行为，既为道德所褒扬，也为法律所许可或规定为特定的应尽义务。此外，还有森林、环境、能源保护方面的法规，消费者权益保护方面的法规等，无一例外地反映了企业对社会、对消费者应尽的道德义务和应有的职业良心。

特别是调整企业间经济协作关系的合同法规更突出地体现了道德与法律内容的一致性。在西方自罗马法开始，就将道德上的公平合理、诚实信用等观念引入合同法律规范，如《法国民法典》第 1 674 条、《德国民法典》第138 条都无一例外地制定了关于维护公平、解除显失公平或暴利合同之规定。也就是说，立法者认为若出卖人迫于急需或其他不得已的原因，贱价出售其所有物，所获价金与当时的实际价值相差悬殊，纵然合同订立在形式上出自双方自愿，但终因实质上有悖于道德上的公平观念而必须予以限制。我国《合同法》第五十二条也明确规定：以欺诈、胁迫等手段签订的显失公平的合同无效。

法律在惩罚企业侵权及赔偿等问题上，更是与道德密切相关，处罚的种类和宽严程度，经常取决于被告侵权的内心动机和意图。所以，在商标、专利侵权中，故意侵权通常比过失侵权要受到更严厉的惩罚；在合同违约中，因情事有变当事人无过错违约能受到法律宽宥，酌情减免违约责任，这其中道德因素的作用显而易见。

由此可见，商业交往中的基本而必要的道德原则，几乎都被赋予了一定的强制力量，以致成为将道德转化成法律的典范。而反过来说，法律所禁止

的和不允许的几乎都是道德所反对的。正是从这一点上讲，自主经营中自觉规范的确立首先意味着对可以被视为是对最基本的道德规范——法律规范的自觉遵循。没有这种自觉规范，就没有自主经营的可能性。

一向以对社会负责而著称的巴塔工业公司在加拿大相当知名，且受人尊敬。公司长期以来一直注意对社会的贡献。公司在安大略巴塔洼（Battawa）的生产厂一直生产皮鞋和合成材料的鞋。工厂在生产鞋子的过程中，制造了大量液态工业废料，如废涂漆、溶剂、油料和聚乙烯氯化物。这些废料在交给有营业执照的废物处理公司之前，通常被分开存放在不同的容器中。

但由于一些不便解释的原因，公司的废物处理不能如期完成。1990 年，安大略环境部发现工厂在厂外放置着 200 桶未处理的液态工业废料。而且，发现一些盛废料的容器有腐蚀和破裂的迹象。有关人员进一步的调查还发现，其中一些废料已存放在工厂外达六年之久。环境部的一位法官杰里·杰利希指出，一位调查人员曾发现废料桶中只剩下一些固态废料，废料桶被腐蚀，桶周围的地面上有斑渍。很明显，液态废料已经泄漏渗入周围的土地中了。于是，巴塔工业公司被指控对液态工业废料不负责，影响了当地地下水的质量和附近的特伦特（Trent）河水。特别令人担忧的是，管理不善的废料中包含了致癌物质苯和聚乙烯氯化物，尽管这两种物质以前是允许向周围排放的。

后来的调查表明，早在 1986 年，巴塔工业公司的副总裁、工厂的总经理基思·韦斯顿先生就已经知道废料存放在桶中。而且，当时公司可以花45 万加元运走这些桶和废料。1989 年，巴塔工业公司的总裁道格拉斯·马钱特先生也得知了废料储存的问题，但是他们两人都未采取措施解决这一问题。显然，这是由于利益问题的过分考虑而不作为。最后，经过 27 天的审判，巴塔工业公司被罚款 12 万加元，韦斯顿和马钱特两人各被罚款 12 000 加元。

（二）自主经营中对柔性规范的自觉认同

如果说法律规范是国家以法庭甚至监狱等强制手段执行的，因而是一种刚性规范的话，那么相比而言，以社会舆论和传统习俗表现出来的必然性规范则是一种柔性规范。无数的事实证明，对柔性规范的自觉认同和遵循同样是企业自由自主经营所必需的。

所谓社会舆论，通俗地说就是众人的议论。所以，古人在论及人生"至道"追求时，认为"自古贤圣，乐闻诽谤之言，听舆人之论"。这里的"舆人之论"就是指公众的议论，这或许也是"舆论"一词最初的语义学来源。因此，伦理学把这种作为道德评价形式的社会舆论做如下的理解：社会舆论是指一个或几个社会共同体通过思想和观念形式表现出来的对社会道德生活的事件或现象所持的态度。它既在阶级、集团等的明确目的指向下自觉地形成，也在人们遵循的实际生活经验和传统习俗影响下自发地形成。社会的精神生产机构和大众传播媒介诸如报纸杂志、广播电视则是社会舆论的载体。也因此，社会舆论尽管有相当一部分是来自一般群众的自发议论，但这些议论要产生一种广泛的道德评价力量，往往必须借助于一定社会共同体的传播媒介，而这是一个自觉的、有目的的意向和选择过程。从这个意义上讲，社会舆论作为一种道德评价的形式是自觉的。

舆论是一种社会自觉形成的道德风尚的力量，日常生活中所谓"舆论的谴责""舆论的压力"等就是指的这样一种力量。"人言可畏"这句生活中的格言，从其积极意义而言，事实上正表明了社会舆论对一个人行为的评价力量：社会舆论通过肯定褒扬一些行为品性，否定谴责另一些行为品性，形成了一种对人类行为是无形的但却是强大的限制和约束力量。由于社会舆论具有"可畏"的评价力量，所以它对人的行为起着权威性的评价和指导作用。社会舆论因具有这一特点而能成为人们思想和行为的巨大约束力量，成为道德评价借以调整人们之间关系的重要手段。对企业生产经营来说，企业可以通过社会舆论所表达的意见和态度，了解社会所要求的行为选择标准，以此进一步审视企业行为的善恶是非，提高扬善抑恶的能力，使企业能够在社会舆论的赞扬、规劝和谴责下，坚持或改变自己的行为方向，调整自己同社会和公众的关系。

这是一则社会舆论对麦当劳公司产生影响的经典案例：快餐行的"巨无霸"企业之一麦当劳公司历来关心环保。20世纪70年代中期，麦当劳在开始使用聚苯乙烯塑料容器之前雇用了斯坦福研究所（SRI）进行一项研究，这项研究的内容是对比纸板包装与聚苯乙烯塑料包装对环境的影响。斯坦福研究所的结论是，从生产和垃圾处理的角度讲，聚苯乙烯对环境更有利。于是，麦当劳公司指示其聚苯乙烯供应商在生产过程中不再使用氯氟烃，并减小这些塑料泡沫容器的厚度。

1990年2月，麦当劳开始了一项其在新英格兰450家店进行循环操作的测试，然后宣布他们将购买可循环材料聚苯乙烯用于其快餐店的建设和重建。公司与其供应商合作，后者同意在美国建立七家聚苯乙烯再循环工厂，计划在全国扩展麦当劳的再循环使用计划。可就在这时，麦当劳公司却受到了越来越多的舆论压力，要求他们停止使用聚苯乙烯包装，这些压力来自环境保护基金、全国反有毒物质运动及许多妇女俱乐部和学校的儿童们。

1990年末，麦当劳对社会舆论压力做出回应，宣布将用聚合包塑纸代替聚苯乙烯作为容器。但是，麦当劳（美国）公司的总裁爱德华·伦斯似乎对这一决策有些不安。他在声明中说："虽然一些科学研究表明聚苯乙烯包装对环境有利，但我们的顾客却并不喜欢它。"于是，公司的反应更多考虑的是社会舆论问题，而不是环境保护。

有一份统计资料表明，20世纪初以来，西方越来越多的企业从封闭型的独断生产经营方式走向开放式的"取悦公众舆论"的礼貌经营方式。"对公众友好礼貌待之，公众也会友好礼貌待你"，这已经成为许多企业处理公众关系的信条。

社会舆论对社会主义企业同样有重要的规范作用。在社会主义制度下，社会舆论的表达，不仅可以借助国家掌握的各种舆论工具，而且还可以表现为人们所在的集体的评价以及周围人们的议论、看法等。企业活动时刻都可能面对这种"舆论压力"，社会舆论也随时都可能对企业活动的道德行为进行调节。因而，作为一个企业来讲，重要的是一方面要注意倾听社会舆论对自己行为的评价，以了解、判明自己道德行为的社会反应，从而有助于今后道德行为的选择；另一方面也要对舆论进行具体的分析，采取实事求是的态度，顺应正确的社会舆论，制止不良的行为，提高企业整体和成员个体的道德水平，陶冶和增强人们对社会、对他人或自己的道德义务感、责任心，从而最终使企业行为符合社会主义物质文明和精神文明发展的总方向。

所谓传统习俗主要是指人们在社会生活中长期形成的一种稳定的、习以为常的行为倾向。从伦理道德方面讲，传统习俗就是指社会的道德传统和道德习惯。当某种道德原则、规范经过长期社会舆论和教育承袭而世代相传，在人们的内心中变得相对稳定和习以为常时，就成为道德的传统习俗。

对企业伦理规范的确立而言，面对几千年遗留积累下来的传统文化习俗，如何进行取舍？有学者以中国古代的传统文化和习俗中所包含的对企业管理可借鉴的角度，提出了三种可供选择的价值形态。

其一是原生形态。即传统文化和习俗中可以直接借鉴的部分。譬如，"贵上极，则反贱；贱下极，则反贵"，讲的是以供求关系来判定价格的高低。"务完物""取上种"，是指要讲求物品质量，让人信得过。"人弃我取，人取我予"是讲要根据供求情况灵活经营，做到"人无我有，人少我多，人多我优，人优我廉"。

其二是亚生形态。即传统管理思想通过一定形态的转换，为今天的企业借鉴的部分。譬如作为东方兵学鼻祖的《孙子兵法》，其内容主要是以讲谋略著名。其中，"五事"即道、天、地、将、法的思想，可作为企业制定经营管理战略的总纲。道，即指导思想；天，天时；地，地利，两者实际上皆指客观环境；将，将帅，指管理者；法，指法制。因此，企业如要在竞争中获胜，在变化的环境中求得生存和发展，就必须认真思考其经营思想、方法，掂量实力，从"道、天、地、将、法"诸方面制定相应的战略方针。《孙子兵法》中有相当多的这样精辟思想可以为企业所借鉴。事实上，现在已有许多成功的企业都在自己的经营和管理活动中自觉和不自觉地运用、借鉴了传统文化习俗中的精华部分。

其三是次生形态。即在长期民族发展和社会生活中形成的一些价值观、道德规范和伦理习俗。在中国，儒家思想的影响最为广泛和深远，其中，调和人际关系的伦理思想尤为突出。由于企业管理的主体是人，其客体主要也是人，所以，调节人际关系就显得十分重要。现代企业管理已越来越重视人与人之间的关系。譬如儒家学说《大学》就有"修身、齐家、治国、平天下"之说，意为治理国家、安定社会，应当从修身、齐家做起，最后达到平天下。这句话的实质是以自我管理、自我约束为起点，协调各种人际关系，在此基础上逐渐扩大，达到使全系统（全社会）井然有序的目的。这种调节方法，有时能够得到规章制度所无法达到的效果。又如"仁"，也是儒家思想的精义所在。对它的解释最一般的有"仁"者"爱人"之说，即重视人际关系中的和谐友爱，这也是我们中华民族的优良传统。这种传统若能在企业活动中得到发扬，就能使人们互相协作，团结一心，形成高度的凝聚力，使企业成员同心同德，更好地发挥企业主人翁的作用，积极、主动为社会创造物质财富。再如，儒学还重视"人心"（思想意识）的引导作用。提出"见利思义""以义为利"的伦理准则。就其积极意义来看，这对目前一些企业在市场竞争和经营中见利忘义、投机取巧、背信弃义的做法是很有针砭作用的。除此之外，我国优良的传统习俗还包括勤俭节约、艰苦创业的精神，公正廉洁的品德，讲求信誉和文明经营等，这些也都应该为社会主义企业所继承和大力发扬。

（三）确立"自由即限制"的企业经营观念

依据自由与必然关系中的辩证法，企业自主经营中的道德行为有如下两大特征。一是经营主体是自由的自主经营的主体，可以自由选择。如果别无选择，只是被迫地行动着，那就没有道德行为。二是这种选择并不是完全自由的。这就是说，道德行为的这种自由选择在实践中又是受必然性制约的。马克思和恩格斯在具体谈及人的选择时，曾这样说过："如果他要进行选择，他也总是必须在他的生活范围里面，在绝对不由他的独自性所造成的一定的事物中间去进行选择的。"正是从这个意义上讲，人的行为选择总是受社会客观环境和自身所受教育的文化素质等诸因素的限制，企业道德行为的选择亦是如此。

在企业生产经营活动中，对经营主体自由选择的必然性制约至少表现在如下几个方面：其一，社会历史条件的限制。任何人的道德行为选择只能在一定的历史条件下进行，当历史环境尚未提供行为选择的客观可能性时，道德行为是不可能发生的。显然，在封建专制的社会中，人们无法通过自由选择来达到实现自我的目的。资本主义社会为自由选择的实现提供了一定的可能性，但这种可能性仍受到私有制的限制，通常只有在少数人那里才能实现。建立在公有制基础之上的社会主义社会无疑为这种自由选择提供了最广泛深远的可能性条件。其二，经营者作为道德主体在认识、情感、意志诸品格方面的限制。主体自身的人格作为认知、情感、意志的统一体是一种现实的存在。这种存在也是制约道德自由选择的一个重要因素。否则，人们就无法理解为什么在相同的社会环境下，不同的道德主体会有迥然不同的道德行为选择。而与此同时，也正是在不同的选择中，人们的道德境界是高尚还是卑劣，道德行为是善还是恶才得以展露。其三，法与道德规范的限制。这是构成个体行为自由选择中最常见也是最大量的限制。这些规范中的道德规范往往内化为主体的一种义务感和良心，无时不对行为主体发布"该"或"不该"的道德命令。这种以限制自由人性形式表现出来的道德命令，无疑最普遍又最深刻地存在于人的行为选择的整个过程中，尤其是当道德主体尚未达到高度自由的道德自律境界而只是把道德规范视为外在的行为规范时，道德规范就必然要成为一种极大的限制力量，制约着人们的行为选择。

事实上，企业的自主经营中的自由选择特性恰恰是在一系列非常不自由的情形下实现的。美国学者 P. 普拉利曾在其《商业伦理》一书中这样分析过现代企业如何正确理解自由意志的自由选择问题："自由的"企业和"自由"常用自由意志的一种特别理论来加以解释，这种理论把自由解释为没有外部因素的约束。如果这样，那么自由选择也就取决于决策者的意愿。自由选择存在于日常生活中，如"你想做什么就做什么"。如果我们用这种自由理论来加以解释，那么这句话就会变成"你可以尝试去做你想做的事情，而不必考虑当前的能力和局限"。在这里，自由被简单地看作不存在外部的权威和环境的影响。这样的概念界定是完全错误的，因为它只强调了决策的一个因素，即我可以代表自己做出选择。它表达了个人的要求和愿望，但却没有考虑实际环境。这种没有任何约束的自由忽视了我们必须置身于其中的特定环境，同时也忽视了我们面对的条件，这些是任何时候我们完成真正的选择所不可缺少的。

因此，关于自由和自由选择的很多类似的错误结论妨碍了我们清晰地理解公共义务的问题。在享乐主义占上风的现代社会的富裕阶层中，流行着以下五种谬论：

（1）自由意味着不负任何道德义务；

（2）自由意味着完全不受社会约束；

（3）自由意味着无须考虑环境；

（4）自由和有意识的选择等同于想做什么就做什么；

（5）影响我们自由和有意的选择的只有主观的感情和个人的喜好，换言之，就是自我和自恋式的幻想。

因此，自由在这里就意味着受限制。如果我们对企业经营活动中诸多限制的具体情形做分析，那么就可以发现，这个限制的最经常表现形式来自责任，即我们必须对我们的行为承担责任。

自由与责任是不可分的，道德自由事实上是一种道德责任的可负状态。我们强调道德行为选择中的意志自由，其目的就是要使人意识到自己的自由选择是可能的，从而也应自觉意识到自己的道德责任是必须承担的。人正是在道德责任中体现其道德价值和尊严的。

在企业经营活动中，许多人往往一味地强调外在因素，企图逃避自己所应承担的道德责任。第二次世界大战结束后，在著名的纽伦堡审判中，一些为法西斯效力或为虎作伥的商人、企业经营者以及一些政客试图为自己的法西斯罪行辩护，他们认为自己仅仅是迫于淫威才这样做的，因而不必对这种法西斯的罪恶行径负责。其实，这是一种无力也是荒谬的辩护。因为行为者在当时依然可以自由选择：遵循人道主义的最高原则，宁愿自己受罚也不使无辜者受害。事实上，在战争中做这样选择的大有人在。

按照我们的理解，人所应负责任的"度"是由客观条件所提供的选择可能性，以及个人在社会道德关系中具有的选择能力决定的。由于决定道德主体应负责任的两个客观条件，即选择可能性的大小和人所具有的选择能力的大小，是一个无限变化的量，因而，个人所负的道德责任的限度也是一个不断变化的量。显然，随着道德自由选择可能性的增大，人的意志自由活动的范围也就必然扩大。与这个增长相适应，个人对自己行为应负的责任也趋于增大，这一点正如美国学者戴维·F.弗里切所说的那样"自由程度越大，道德责任越大"。与此同时，道德主体也就能在选择和承担责任的过程中不断提高自己自由选择的能力，使自己在道德实践中获得真正积极的道德自由。

第三节　善恶意识论与企业伦理实践中善恶观的形成

作为对自由人性与道德规范必然性关系的认识和把握，道德意识具体表现为道德主体对善与恶的认识，并依据这种认识来形成"应当"或"不应当"的道德认知，从而达到一定的道德觉悟。由于认知、情感和意志构成道德主体的人格要素，故而道德主体的善恶意识的结构也就相应地表现为道德认知、道德情感和道德意志的内在统一。这一认知、情感和意志相统一的道德意识在经历了由自发、自觉到自由的发展之后，才充分体现其作为人性向善之规范的作用。显然，这个善恶意识的有效确立也是企业伦理实践的理性前提。

一、理论背景：关于善与恶的一般理论

善与恶作为道德的最基本规范之一，在道德主体的意识中被认知和确立后，就能够在人们的生活实践中发挥其规范人性的功能，成为人们在道德选择、道德评价和道德修养中"内心立法"的依据。因此，行为主体要在道德意识中确立道德规范、道德原则和道德理想等，首先就要涉及善与恶的认知和把握。没有正确的善恶观就没有抑恶扬善的道德行为。

（一）善与恶的含义

在人类思想史上，对善与恶的把握和界说，本身就是歧义纷生的。从词源上考察，善原是一个佛教名词，意指符合佛教教理的思想与行为。与之相应，不符合教理的思想与行为则为恶。作为道德的基本概念，人们通常把善理解为符合一定道德原则和规范的思想与行为，反之则为恶。譬如，亚里士多德就对善下过这样一个定义："人类的善，就应该是心灵合于德行的活动；假如德行不止一种，那么，人类的善就应该是合于最好的和最完全的德行的活动。"

亚里士多德的定义当然是对的，但这并未讲清什么是善。因为他在这里走入了一个循环论证：道德是德行的规范，因而道德是一种善；而善又是一种道德上的德行，所谓的善就是符合一定的道德规范。这种循环论证从某种意义上表明，作为伦理学的创始人亚里士多德对善的认识和理解也是陷于困惑之中的。正由于对善未能有一个明确的界说，所以伦理思想史上对善与恶的界定便有了各种各样的理解和说法。古希腊的苏格拉底、柏拉图等人以知

识为善，认为"善的范型是最高的知识"，无知则是恶。奥古斯丁认为，信仰上帝为善，要达到至善就必须靠上帝的帮助，怀疑或亵渎上帝则为恶。康德则把他的"绝对命令"，即先天的善良意志作为唯一的善的标准，他认为离开善良意志的一切行为都不能算是善的。一些快乐主义伦理学家，譬如伊壁鸠鲁、斯宾诺莎、费尔巴哈等，则以获得快乐和幸福为善。所以，斯宾诺莎对善与恶也曾下过这样的定义："所谓善是指一切的快乐，和一切足以增进快乐的东西而言，特别是指能够满足愿望的任何东西而言；所谓恶是指一切痛苦，特别是一切足以阻碍愿望的东西而言。"

　　如此众说不一的理解和界定，不免令人困惑迷惘。因而我们迫切需要从元伦理学的一般原理出发，确立和把握善与恶的观念。

　　正如道德源于人性的内在必然规范那样，善与恶的观念从最一般、最本质的意义上说也源于人性的规范活动。从规范人性的意义上讲，善与道德是同义的。只有从这一角度把握善与恶的内涵，我们才可以理解孟子对善所下的一个著名定义："可欲之谓善。"（《孟子·尽心下》）按照孟子的理解，"人之所以异于禽兽者几希"（《孟子·离娄下》），因而人有和动物一样的各种本能的欲望和冲动，这是一种真实的存在。但道德上的善则要求人能以理性和意志控制欲望与冲动，依据理性与意志的原则区分什么是"可欲"的，什么是"不可欲"的。所以，人的行为中"可欲的"就是善的，亦即孟子声称的"可欲之谓善"。孟子的说法高度抽象，但其中蕴含了深刻的内涵。

　　做更加明确的解说，我们认为，所谓的善就是指人性"应当"有的品性，而所谓的恶则是人性"不应当"有的品性。日本伦理学家西田几多郎正是从这样的角度来论述善的。他认为："所谓善就是我们的内在要求即理想的实现，换句话说，就是意志的发展完成。"由此可见，人性中理性与意志对于"应当"的努力就是善的实践过程。之所以用"应当"与"不应当"来界定道德的善与恶，那是因为人的存在除了"应当"的追求以外，还有诸多"是"的存在。这就正如生物进化论所揭示的那样，人"是"动物，这是一个基本的事实。但道德上的善则要求人类超越这个"是"，进而达到"应当"的境界：人"应当"超越动物，或者说人应当在这个超越的过程中使自己成为大写的人。亦即人应当使自己走向另一个基本的命题：人应当是道德的动物。我们如果无法使自己达到"应当"的境界，那么就只能使自己沉沦于"是"的层次。在这一层次上的生活，就无疑像孟子所鄙视的那样是"与禽兽为伍"了，而这正是道德上恶的最基本的含义。

　　所以，善是人超越自己天性、本能的一种自觉规范，这表现为人不断以"应当"来规范自己，从而造就出理想的人性。

　　尽管我们对善与恶能做出一个一般的界定，但由于不同政治经济制度和文化背景下的人们对"应当"的理解不同，善与恶的具体解释依然是众说纷纭，莫衷一是的。事实上，要寻求一个永恒的关于善与恶的观念是不可能的。马克思曾经引用歌德的诗来形象地描绘资本家的善恶观："我是一个邪恶的、不诚实的、没有良心的、没有头脑的人，可是货币是受尊敬的，所以它的持有者也受尊敬。货币是最高的善，所以，它的持有者也是善的。……"这是资本主义条件下的善恶观。历史唯物主义则把道德上的善理解为符合人类社会进步发展的方向，从而也是符合大多数人利益、愿望和要求的一切思想与行为，反之则为恶。所以，在唯物史观看来，人们的善恶观念是人类社会活动的历史产物。也因此，我们必须明确意识到善恶观念具有鲜明的时代性、民族性、阶级性和随社会历史的发展不断变化的相对性等基本特点。

　　如前所述，道德意识事实上可以被归结为对善与恶的认知和把握，因此，要形成完备而成熟的道德意识，首先必须要增强对善恶的认知和感受能力，因为这是道德意识形成的认识前提。

　　道德主体意识中的善恶观念是随着年龄的增长、知识的增加和社会生活阅历的丰富而不断成熟的。这样一个善恶观念不断成熟的过程，一般可以分为如下三个发展时期：其一是朦胧期。就个体的生命历程而言，童年和少年时期处于善恶观上的朦胧期。在这个发展时期，少年儿童虽然依靠仿效等途径能形成善恶观的萌芽，但远远没有形成善与恶的自觉观念。"好人"和"坏人"，"好事"和"坏事"的评价以及"我要做好人""我要做好事"的观念通常是这一朦胧期善恶观念的主要表现形式。这种形式还是初步的，因为他们不能探明好坏、善恶背后的必然性根据。其二是形成期。这是主体进入了青年期后在具有独立思考能力的基础上逐步达到的。在这个时期，青少年能在自己的思维和意识中进一步探究好坏、善恶背后的原因，并在这个过程中初步建构自己的道德理想和确立基本的道德规范与原则。其三是成熟期。随着青年期向成年期的过渡，随着道德行为主体的世界观和人生观的基本形成，道德上的善恶观念也就基本随之确立。在善恶观念发展的成熟期，道德主体能自觉地思考所面临的道德问题，并对社会和他人的行为做出独立的善恶评价。而道德实践正是依据这种道德意识中的独立思考和评价而"择善而从之"的。

　　必须强调指出的是，在不断增强对善与恶的认识能力和不断形成自己完善的道德意识的过程中，我们一方面要注重道德理论的学习，另一方面更要勇于进行道德实践。因为"实践出真知"，正确的道德意识的形成从根本上讲也是从实践中获得的。在我们的道德实践中，"勿以恶小而为之，勿以善小而不为"，这样的人生道德实践正是道德意识中正确的善恶观念形成的基础。

要形成完备而成熟的道德善恶意识，严于解剖自己，注重内心做功也是一个重要的途径。在这种内省的过程中，道德主体不是出于外在的压力而敷衍了事，也不是因着内心的不安而自我忏悔，而是完全自觉自愿进行的德性修养。正是在这种自觉内省的德性修养中，道德主体才不断拥有了成熟的道德心灵。

（二）道德自我意识及其结构

道德意识是在对善与恶的认知和把握中形成的，在形式上表现为一系列的道德规范、道德原则和道德理想等层次不同、成分相异之内容的整合。在这些具体形式中，无论是道德规范、道德原则还是道德理想，作为道德主体的观念建构，又总是作为个体的道德自我意识而表现出来的。因此，我们可以把道德自我意识定义为道德主体对一定社会所确立和崇尚的道德规范的一种认识及依这种认识而产生的信念。

社会为其成员确立的道德规范是众多的，正如我们已感觉到的那样，这些道德大致包括宗教道德、自然道德、个人道德、社会道德四大类。其中又以社会道德最为庞杂，其具体表现形式有社会公德、职业道德、爱情婚姻道德等。不仅如此，每一种道德形式都还有自己一系列的规范、原则和理想要求人们遵循。我们可以接受它，也可以不接受它；可以这样接受它，也可以那样接受它。这一切首先取决于我们作为道德个体在道德自我意识中如何选择。

由此看来，我们有怎样的道德自我意识，才选择怎样的道德规范，从而我们也才有怎样的道德行为。如果外在的道德规范不内化为内在的道德自我意识，道德行为就不可能发生。

必须承认的是，完全没有道德自我意识的人是不存在的。人是有意识的，在道德实践中，道德意识也总是与人的活动相伴而生的。但是，这样说并不意味着每一个人都能有高度自觉的道德自我意识。事实上，那些被迫的、随大流的、不由自主的道德意识，还不能称为真正的道德自我意识。所谓的道德自我意识是指道德主体对道德规范以及道德规范内含的必然性、价值意义所产生的一种内心体验、自觉认识和自由选择的意向。对一个正常的道德个体而言，这种认识是一个充满着矛盾、艰辛和曲折的过程。笛卡儿曾把这种认识归结为不断地"怀疑、理解、理会、肯定、愿意、不愿意、想象和感受"的心灵过程。这是一个从怀疑开始，不断感受到道德规范的必要性及其领略到因此而来的责任感、义务感、幸福感和荣誉感的心路历程。这正是道德自我意识形成的真实历程。

在历史与现实的道德生活中，我们可以发现许许多多的人是失落了这种道德自我意识的，因而他们也就必然失落了自我的人生理想。亦即许多人其实只是在自发的、被迫的，或只是在世代相传的传统习惯和心理定式下做出了善的行为，他们并没有善的自我意识。不能不说这是道德意识培育中的一个极大的遗憾和欠缺。

元伦理学研究道德与道德自我意识的关系并强调道德自我意识的培养，这一点是很重要的。因为从根本上讲，没有对善的自我意识，道德实践中善的行为就没有了可靠的认知和信念保障。而且，在人类诸多的行为中，道德行为尤其强调自我意识中的自觉自愿的意识，因为能称为道德行为的总是那些在众多可能的选择中选择那种带着一定程度自我牺牲的行为。没有意识中对多种可能性的自觉比较，并探寻选择的可能性行为的道德意义及其对自己和社会所产生的价值，那么其行为是很难在实践中产生真正善的效果的。

在具体的道德实践中，我们也总是可以看到，道德意识中无知、被迫、不由自主或者甚至是依靠外部的行政命令强行灌输而产生的行为，或许是善的，但也可能会走向善的反面。我们一直在进行的诸如毫不利己专门利人、大公无私等社会主义道德教育和宣传，在一些人那里之所以收效甚微，很重要的一个原因是没能启发道德主体的道德自我意识。这充分表明一定社会的道德善恶意识能否转化为道德主体内心的道德自我意识是极端重要的。

善恶意识在道德主体的自我道德意识中是被高度综合化了的。从这个意义上讲，要对道德主体的善恶意识结构进行分解是困难的。尽管如此，但我们还是可以借助理论上的抽象，依据道德主体人格的知、情、意统一之特性，指出道德自我意识中的认知、情感、意志这三个主要的构成要素。

其一是道德意识中的认知因素。从认识论上讲，道德自我意识的认知就是指对道德规范必然性之"真"的把握，道德主体在这里表现为认识主体。道德主体的认知过程表现为两个指向：一是对道德规范所蕴藏的客观必然性的把握，亦即获得真理性认识；二是对道德所具有的满足主体需要的价值属性的把握，亦即获得价值性认识。道德主体认知过程的这两方面内容是相辅相成的：一方面，对道德规范所蕴藏的客观必然性的认识是道德意识自觉性的认识论前提。没有这种认识就不会有对道德规范必然性的遵循，在生活实践中主体便会有意无意地破坏甚至践踏社会所倡导的道德规范。因此，道德上的"善"事实上是以认识上的"真"为前提的。另一方面，对道德规范所具有的满足主体需要之价值属性的认识是推动主体从事一定的道德实践的精神驱动力。显而易见，超功利的实践是不存在的，道德实践的活动总是为了满足主体对道德价值的追求。道德自我意识中的价值性认识，无疑构成道德实践的一种认知前提和精神驱动力。

其二是道德意识中的情感因素。道德意识总是包含着道德价值需要的自我意识，而人的价值需要又总是与情感直接相关的：一方面，人的诸种需要要通过情感表现出来，并因此才成为人们的行为动机，所谓不安感、内疚感就是这样的情感体验；另一方面，需要的满足也是通过情感来实现的，所谓幸福感、自豪感就是某种需要得到满足的情感体验。显然，道德情感往往成为道德实践的直接动因。

道德情感的重要作用是由情感自身的性质所决定的。因为从心理机制上看，情感体验是一种相对稳定的条件反射形成物，道德主体为了寻找相应的刺激条件，就不断地需在道德实践中创造这种条件，亦即不断地以自己的德行去创造满足幸福感、自豪感、荣誉感、义务感等的情感条件。而这个过程也就是道德情感推动道德实践的过程。显然，缺乏热烈情感的道德意识是枯燥乏味的，也是没有感召力的。列宁甚至认为："没有人的感情，就从来没有，也不可能有人对真理的追求。"

道德情感的具体形式很多，正义感、义务感、良心感、荣誉感、幸福感等就是一些主要的道德情感形式。无论何种道德情感，它们在道德生活实践中都构成道德主体在道德选择行为中的直接动因。

有一点必须强调的是，道德情感绝不是盲目的感情冲动，而是一种建立在道德认识基础之上的理智的情感。在道德情感问题上，西方伦理学理论中的感情主义是有片面性的。感情主义伦理学是 20 世纪 30 年代逻辑实证主义所创立的一种伦理理论。其基本观点是，伦理学上的概念如"善""责任"等和道德判断如"人不应该说谎"与科学上的概念及判断不是一回事，它既不像数学那样能得到证明，也不像实验科学那样可以用观察或实验加以检验。因此，道德概念和判断不能说是"真"或"假"，其反映的只是主体的道德激情或感情的一种愿望。这样，感情主义伦理学的一个自然结论是，主体道德意识中的道德情感决定了道德行为中的一切，而各种伦理学的分歧也不过是道德情感上的差异所致。显然，感情主义伦理学的理论是有一定合理性的，它的确看到了道德感情在道德意识和道德实践中的作用。但感情主义伦理学理论又走向了另一个片面，即过于夸大了道德情感在道德意识和实践中的影响作用，甚至把感情理解成道德行为的决定因素，这显然是片面的。

其三是道德意识中的意志因素。意志和思维一样也是人才具有的。恩格斯就说过："一切动物的一切有计划的行动，都不能在自然界上打下它们的意志的印记。这一点只有人才能做到。"道德意识中的意志因素既指主体能根据预先拟定的计划调节自己行动的能力，也指主体使自己的行动服从于道德规范，抑制同这些规范相抵触的诱惑从而排除达到目的之障碍的能力。道德意志当然建立在一定的道德认知、道德情感之上，但道德意志反过来又是保障道德认知、道德情感得以顺利实现的主体性条件。

显然，道德意志中的自由意志具有最重要的意义。因为自由意志作为一种特殊的心理选择，能在道德选择存在几个可能性方案的情况下，排除其中一个或几个方案，保证最合理或最符合道德规范方案的实现。而在实践这个"善"的方案的过程中，自由意志又是保障道德行为对选择了的行动方案执着如一、贯彻始终的重要的心理机制之一。

但是，在意志问题上必须反对道德意识研究中的唯意志主义。这种理论主张在道德意识中意志高于理智，意志不仅是本质的东西，而且是决定其他一切心理活动的东西。现代伦理思想史上的叔本华的"生命意志"，尼采的"强力意志"，萨特的"自由意志"，都是他们伦理学理论中最基本的范畴。他们正是从被绝对化了的意志范畴出发去论证和阐述自己的道德规范、道德原则和道德理想的。譬如，在尼采看来，作为道德理想人格的"超人"，就是一个充分体现强力意志，鄙视以往一切道德而遵循"把自己的意志强加给别人"这样一个唯一的道德原则的英雄。显然，这种"超人"的理想只是一种狂妄，是不可能真正实现的幻想。当然，我们也承认意志主义伦理学看到了意志因素在道德意识中的作用。但问题在于意志因素却被意志主义伦理学不恰当地夸大了，似乎意志自由可以完全摆脱客观规律和社会道德规范的制约。这在理论和实践上无疑都是完全错误的。

（三）道德意识发展的诸阶段

以善恶观念为主要内容的道德意识不是单一静止的存在，而是处于错综复杂的变化发展之中。它的发展也遵循从意识发展的一般规律，表现为从感性形式向理性形式的过渡。道德意识在道德主体的自我意识中则表现为"自发—自觉—自由"的发展过程，或者说，表现为道德认知、道德情感、道德意志共同作用、相互协调的建构和发展过程，亦即表现为逐步把握道德必然性，从而获得道德自由的发展过程。我们可以把这样一个发展过程划分为如下三个具体发展阶段：

其一是道德意识发展的自发阶段。这是道德自我意识的萌芽阶段。人作为主体从一开始就是一个充满各种欲望的存在。当他和社会及他人发生联系时，总带着实现自我欲望的冲动。可经验又使他自觉地意识到在其实现欲望时有一个他人和社会的"可以"和"不可以"的回答，以及随之而来的相应的对其行为结果的善恶评价。这样一个"可以"和"不可以"的经验积累，再加之于家庭、学校和社会的教育，就必然导致主体意识认知内省的出现。这个基于经验和直观基础上的认知内省便形成自发的道德自我意识。

在自发阶段，道德主体只有不自觉的道德自我意识，因而道德主体对道德规范及其规范所蕴含的必然性表现为无知或知之甚微的状态。道德意识的主要表现形式是无知、惘然和犹豫。当然，处于自发阶段的道德主体也会有自己的道德选择和道德评价，但这却是不自觉的。道德主体对道德规范的无知，使他可能在道德行为选择上表现为稚童的天真无邪，而这种天真无邪正是以不自由为代价的。事实上，自发的道德意识已决定了道德主体在进行道德选择时要么是惘然不知所措，要么是凭自己情感的倾向性而不由自主地选择其行为。同时，在道德的善恶判断和评价上也往往是失落了自我，人云亦云，缺乏独立的判断。因此，当道德自我意识尚处于自发状态时，道德主体是非常不自由的。

其二是道德意识发展的自觉阶段。这是道德自我意识的"知情冲突"阶段。在自觉阶段，由于道德主体通过不断的知觉内省，对道德规范及其内含的必然性有了较多的和较全面的认识，道德自我意识开始摆脱了自发和无知的状态。与自发阶段主要表现为情感的作用不同，道德自我意识在自觉阶段主要表现为意志的作用。亦即道德主体在认识和把握了道德规范的必然性根据以后，在道德实践中能凭意志勉力而行。而这种勉力而行的过程往往是以克服不合道德规范的欲望冲动而表现出来的。这就如黑格尔在《法哲学原理》中所深刻指出的那样："冲动是一种自然的东西，但是我把它设定在这个自我中。这件事依赖于我的意志。"

对于道德主体内部这种已认知的道德规范和欲望冲动之间的冲突，弗洛伊德曾以"知情冲突"这一概念予以界说。在他看来，这是一种"知"与"情"的冲突，亦即道德主体所认知的道德与自我本能及情欲之间的对峙和冲撞。我们应该承认，弗洛伊德正确地揭示了这种"知情冲突"的不可避免性。但由于他没有充分关注人的理性和由理性而决定的意志，终于使得他给这种冲突以极强的无可奈何的色彩。事实上，正是在自我欲望的冲动和凭意志抑制其中不合理冲动的抉择中，每一个道德主体显示了其自身的道德价值。也正是在这里，人类的道德实践才开始有了善与恶、崇高与卑俗、伟大与渺小的分野和揖别。

当然，道德自我意识在这里尚未获得完全意义上的自由意志。因为只要主体还在把道德规范的必然性视为异己的东西，只凭意志自觉而不是自愿地去遵循这个"必然之则"，就表明主体的道德选择和评价依然没有真正的自由。而且，在自觉阶段中，道德主体由于意志的不够坚强还常常会有一种摆脱道德规范约束和限制的欲望冲动。但道德规范实质上又是一种必然性的东西，试图摆脱它的种种努力都是徒劳无益的，这正表明道德主体在这里依然是不自由的。

其三是道德意识发展的自由阶段。这是道德自我意识的自律阶段。这一阶段是道德自我意识发展的最高阶段。在这里道德主体不仅对道德规范的必然性有了正确的认识，而且无须或很少借助意志就能自愿地接受道德必然性的约束。道德规范作为一种"必然之则"已转化为主体自身的"当然之则"了。显然，由于道德主体不再把道德规范消极地视为异己的、外在的东西而强制自己遵循，而是自觉自愿地把道德规范转化为内心的一种信念，因而道德主体凭着这种内心信念能很自然地使自己的言行合乎一定社会的道德规范。道德自我意识只有达到了这样的境界，才可以认为获得了真正完整意义上的自由。在这个境界里，不仅外在的道德规范变成了内在的道德要求，而且单纯被动地遵循道德规范的过程变成了根据自己的意愿主动地、带有创造性地去实践道德规范的过程。

如果借用康德的表述，那么道德自我意识的自由阶段实质上就是"道德自律"的阶段。在这一阶段，道德主体自觉自愿地为自己立法，把自己对欲望、对个体生存与发展的目的追求主动地置于社会的道德规范之下。虽然这时道德规范与欲望之间的冲突依然存在，但自律却使这种冲突在主体知、情、意的融会中得以理想的解决。从这个意义上讲，道德主体意识的自由与自律事实上已标志着个体的道德自我意识的社会化已真正完成。

只有经历了这样一个"自发—自觉—自由"的心灵历程，完整意义上的道德自我意识才形成。自发意识支配的德行无论其效果是多么有利于他人和社会，但却不能称为真正的善；自觉意识支配下的道德行为当然是一种善，但这种善毕竟带着一点无可奈何的色彩；唯有自由意识支配下的道德行为才是真正完整意义上的善。因而，道德自我意识之心灵历程的理想归宿应该是道德自律意识的形成。正是在这种意识的指引下，我们的道德才能达到孔子声称的"从心所欲，不逾矩"的理想境界。

如何才能自觉地造就自己道德意识的自由或自律境界呢？从道德意识发展过程的考察中可以发现，达到道德的自由意识境界是通过以下两个途径来实现的。

其一，使道德认知、道德情感、道德意志稳定化和系统化。基于道德认知基础上的道德情感和道德意志往往具有摆脱认知和理性的相对独立性。道德情感的体验既丰富多彩又瞬息万变，即便是对同一道德现象的感受，也常常此一时彼一时。道德意志也同样具有较大的波动性和随意性。而且，人心常常是很软弱的，有时明知是外界的诱惑，却也会甘受诱惑而沉湎于一时一地的享乐或放纵之中。这样，尽管有自觉的道德认知，但如果道德情感和道德意志没能与其相协调，共同发生作用，道德行为中就可能依然有"逾矩""犯规"的现象发生。

实际上，道德情感、道德意志的多变性、波动性、随意性，恰恰是道德意识不自由的一种表现。因而唯有道德情感和道德意志达到一种稳定的状态之后，道德自我意识才是真正自由的，才具有"从心所欲，不逾矩"的理想特性。因为在这个状态中道德情感和道德意志不再作为道德认知的异己力量，而是相反，被自觉地纳入道德自我意识那基于理性基础之上的稳定系统之中。

其二，使道德认知、道德情感、道德意志走向高度的整合。在道德自我意识中，道德认知、道德情感、道德意志的关系错综复杂，就其包含的内容而言有同有异，就其作用的强度而言有强有弱，就其影响的范围而言有宽有窄，尤其是三者之间还常常相互矛盾冲突。这就对道德自由意识的形成产生了极大的限制。

道德主体要超越这种限制就必须对道德认知、道德情感、道德意志三者的关系进行统一的整理和协调，肯定一些内容，否定一些内容，从而在更高的基础上使三者整合起来。萨特在其伦理学研究中举出的一个著名的例子可以很好地说明这一点。第二次世界大战期间，德国入侵法国，萨特一个学生因此面临着一个困难的抉择：从道德认知上讲，他应该走上前线保卫自己的祖国，可从道德情感上讲，他又不忍心抛下辛勤抚育他长大成人的年迈母亲。他向萨特求教，该如何选择。萨特并没告诉他究竟如何选择，而只是说"你是自由的，你自己选择吧"。其实，萨特在这里忘记了他的这位学生正因为无法自由选择才来求教的，因此萨特告诉他"你是自由的"根本无济于事。事实上，在我们的理解看来，道德意识的自由选择只能在更高的统一整合中才能实现。因为不去保卫祖国，那么包括自己母亲在内的众多的母亲就会蒙受灾难。从这样一个更高基础去统一整合道德意识，就能得出正确的结论：必须首先保卫自己的祖国。可见，只有道德的认知、情感、意志在更高基础上统一整合起来，道德的自由意识才可能真正获得实现。

道德自我意识由于其内部的认知、情感、意志诸要素的稳定化、系统化和高度的统一整合，才得以摆脱偶然性、模糊性和随意性。也只有这时才可以说，我们拥有了成熟的道德自我意识。

元伦理学对道德意识问题的探讨是重要的，因为意识上的自由是道德实践自由的主体认知条件。道德意识的自由并不能在意识范围内就得到实现，但道德意识的自由却构成道德主体在实践中获得自由的主体性前提条件。因为要在道德行为实践中获得这种自由显然有两个必要的前提。其一，道德意识首先要自由，能"从心所欲"而不受各种异己力量的制约和压抑。如果没有自由的道德意识为道德实践建构目的和指向，那么道德实践就会因没有目的和指向而陷于惘然不知所措的窘境。其二，道德意识在追求"从心所欲"时又必须对"不逾矩"之"矩"有所认识。没有这种对道德规范必然性的认知和把握，道德自由就只是一种抽象的可能性。无疑，这两个道德自由的前提首先都是道德意识上的自由。意识自由了，行动也才可能是自由的，从而道德行为选择中的自由选择也才真正具备了可能性。

当然，同时必须强调的是，意识自由只为道德实践自由提供了某种可能性。事实上，由于道德生活实践的错综复杂性，意识自由在道德实践活动中往往又是在非常不自由的情形下经历心灵的抗争和冲突才得以最终实现的。但无论如何，道德意识的自由总是道德实践的自由的必要前提，这也可以说是我们讨论道德意识问题的根本宗旨之所在。

二、实践启迪：企业经营中善恶意识的确立

道德自由的认知前提是形成正确的善恶观念，企业伦理实践也需要经营主体在认知、情感和意志诸方面对善与恶有一个认识和把握，这构成企业伦理实践得以展开的认识论前提。

（一）形成清晰而明确的善恶观念

在企业生产经营活动中，由于生产经营过程的复杂性和人们道德观念的变动性，通常使得我们很难具体地列出企业经营者应确立哪些善与恶的道德观念。但按照前面对善与恶所做的"应当"和"不应当"的理论界定，我们还是可以从中确立一些最基本的善恶观念的。这类观念一方面是确立"必须为之"的善的实践观念，另一方面则是"切勿为之"的恶的警策观念。

有学者曾从善的观念确立的角度探讨并列出了社会主义现代企业伦理化建构中应确立的善的八大观念：

1．义利并重

义利关系是伦理学中一个争论不休的问题。一般来说，义是指伦理规范、整体利益、公利、精神需要；利是指个人利益、私利、物质需要。

关于义利关系，似可归纳成以下三种形式：重义轻利（其极端情形是只讲义不要利）、重利轻义（其极端情形是只讲利不要义）、义利并重。

在我国历史上，儒家的重义轻利思想长期占支配地位。孔子对义利关系有许多论述。他在《论语·里仁》里就说："放于利而行，多怨。"这是说，只根据自己的利益行事，就会招来很多的怨恨。"君子喻于义，小人喻于利"是说，君子只晓得义，小人只晓得利。"富与贵，是人之所欲也，不以其道得之，不处也。贫与贱，是人之所恶也，不以其道得之，不去也"。所以，孔子认为富裕、高贵是每个人所喜欢的，如果不用合乎道德的方式得到它，君子是不会妄居的。穷困和卑贱，是每个人所厌恶的，如果用不正当的手段摆脱它们，君子是不会干的。孔子并非完全排斥利，他反对的是不正当的利益。"不义而富且贵，于我如浮云"（《论语·述而》）。因此，他主张，"见利思义"（《论语·宪问》）。

《大学》说："德者，本也；财者，末也。"

荀子认为，"先义后利者荣，先利后义者辱。"（《荀子·荣辱》）。

孟子在重义轻利方面走得较远，他认为，人们的利益是相互矛盾的，如果都谋夺私利，则国家社会遭到危险，"上下交征利而国危矣"，从而得出"王何必曰利，亦有仁义而已矣"（《孟子·梁惠王上》）的结论。

宋、明理学家把义利关系上升到"天理"与"人欲"的高度："义者，天理之所宜；利者，人情之所欲。"他们鼓吹"存天理，灭人欲"，使重义轻利达到了极端的形式。

总体来说，以义为本，重义轻利但不去利，是儒家义利观的基本精神。这种思想既有注重伦理道德、整体利益、精神需求的积极面，也存在忽视个人的利益、物质需求，扼杀个体积极性，阻碍经济发展的消极面。

在义利观的百家争鸣中，也并非没有出现过"重利轻义"的声音。法家是主张"重利去义"的典型代表。韩非子认为，儒家所谓的道义完全是虚伪的说教，因为人性是自私自利的，"喜利畏罪，人莫不然"（《韩非子·难二》）；"利之所在，民归之；名之所彰，士死之"（《韩非子·外储说左上》）。在他看来，人的一切行为都由利欲之心所驱使，人们都唯利是图，试图以道德说教来扼制人的私欲，往往难以奏效，只有"不贵义而贵法"才能解决问题。法家重视法律的作用是对的，但否认伦理道德在调节人与人之间关系中不可替代的作用，把人际关系看作纯粹的金钱关系是不足取的，因而受到了人们的抛弃。所以，重利轻义思想对现代的影响远不及重义轻利来得广泛、深远。

改革开放以来，一些人在口头和行动上都反映出重利轻义的思想，少数人不仅不愿意受道德的约束，甚至连法律也不想遵守。这种思想和行为任其发展的结果，必然使绝大多数人的利益受到损害，造成社会秩序混乱，这是哪一个社会都不会容忍的。

以营利为目的是企业的一个特征，也就是说，企业总是要赚钱的。对整个社会来说，这是私利，但这种私利不仅不应抑制，反而要大力鼓励，水涨才能船高，没有广大企业的发展，哪来国家的富强？同时，企业赚钱应该以正当经营为前提。由此，引出处理义利关系的原则——义利并重。

义利并重，最起码的条件是在经营活动中遵纪守法，不损害企业利益相关者的合法权益。如果企业赚钱了，但环境污染严重，社会上许多人（很可能包括企业员工）都受了害，或者企业靠假冒伪劣产品赚了钱，消费者却受了害，在这两种情形中，整个社会没有得到什么好处，甚至可能害大于利，这是不能允许的。

义利并重也意味着企业赚钱的同时要为利益相关者带来好处，例如，向消费者提供优质的产品和服务，向员工提供良好的工作、生活条件，向国家交纳税金等。

义利并重原则还鼓励企业赚钱后以某种方式回报社会，如帮助老、少、边、穷地区人们脱贫、支持教育事业等。

2．集体主义

个人利益与集体利益的关系问题是伦理学的一个基本问题。

在企业伦理中，个人与集体的关系包括：企业与国家，员工与部门、企业，部门与企业等。

集体主义原则首先强调要兼顾个人利益与集体利益，不能只讲个人利益，也不能只谈集体利益。其次在个人利益与集体利益发生矛盾时，应以个人利益服从集体利益、局部利益服从全局利益、暂时利益服从长远利益为标准。

需要指出的是，中国传统文化在个人与集体的关系上，具有"整体至上"的特征，这种价值取向有利有弊。由于有"整体至上"的背景条件，现在讲"集体主义"重点要突出怎样能兼顾个人与集体两者利益，集体怎样关心个人利益，怎样调动个体积极性等问题。

3．互利互惠

企业经营离不开利益相关者的参与，只有互利互惠，企业与利益相关者之间的合作关系才能维持下去。

互利互惠原则的最低要求是不损害他人利益。只要想一下希望人家怎样对待你，就能明了不损害他人利益的重要性。"己所不欲，勿施于人"（《论语·颜渊》）说的就是这个道理。

"不损害他人利益"也是西方企业伦理的一条基本原则。西方一向以注重个人利益而著称，然而追求个人利益也不能无所顾忌，根本的一条就是别损害他人的利益。

不损害他人利益对竞争者也同样适用。虽然在特定的时间，企业获利多了也就意味着竞争者获得少了或亏了，但企业如果是通过正当的手段获得竞争优势的，就不能算是损害竞争者的正当利益；反之，若是通过欺骗性广告、窃取商业秘密等不正当手段搞垮竞争对手的，就损害了竞争者的正当权益，是不道德的。

如果仅仅停留在不损害他人利益之上，还体现不出真正的互利互惠，企业应该考虑与利益相关者分享利益，通俗一点讲，就是不能只顾自己赚钱，也要给利益相关者好处。

4. 公平

公平原则首先要求机会均等，如员工应该有均等的录用、上岗、晋升、获取报酬、学习提高的机会，消费者应该有均等的获得产品和服务的机会，供应者应该有均等的提供资源的机会等。任人唯亲、性别歧视、种族歧视、不按订货顺序供货，同一产品对不同的顾客实行差别待遇等都属于违反这一原则的行为。

公平原则也要求公平竞争，这是机会均等原则内在的要求。公平竞争首先是竞争活动的公平，即每一个企业、每一个员工都有自主选择参与竞争活动的权利；其次是竞争规则的公平，即规则对所有参与竞争的主体具有同等的效力；最后是在竞争结果面前人人平等，即参加竞争活动的主体必须承认和接受竞争的结局。

公平原则还要求按劳分配。按劳分配强调的是，在劳动的质量和数量面前人人平等。公平是机会的均等，而不是结果的均等。分配上的平均主义体现不了公平原则，多干少干一个样，能说是公平的吗？而且，平均主义、"大锅饭"还导致了效率低下，既不公平又无效率，自然应该抛弃。

在中国传统伦理思想中，等级观念、平均主义根深蒂固，公正、平等思想比较欠缺，在市场经济建设中，应逐步树立正确的公平观念。

5. 诚信

诚者不伪，信者不欺。诚信原则是企业经营之本，除非只想做一锤子买卖。因为企业的生存与发展有赖于企业利益相关者长期、可靠的合作，缺乏诚信，能得到这种合作吗？

诚信原则要求讲真话，不欺诈，"货真价实，童叟无欺"。例如，不做虚假广告，不以次充好，不短斤缺两、漫天要价，不偷税漏税，不做假账，不虚报统计数字等。

诚信原则还要求一诺千金，说话算数。譬如，签订的合同要千方百计地履行，对消费者许诺的产品质量和服务应不折不扣地达到等。

俗话说："诚招天下客，信揽四方财。"成功的经营者无不把诚信视为企业的生命。旅居新加坡的陈嘉庚先生在经营实业之初，规模不大，其父欠巨债 20 万，按新加坡的法律，父子债不相及。但陈嘉庚认为中华美德以信义为本，虽然从法律上没有还父债的义务，但道义上不免遗憾，于是，和债权人协商，分期偿还了父债。此举使他在东南亚获得了崇高的信誉，为事业的蓬勃发展打下了坚实的基础。

6. 尊重人

尊重人就是尊重每个人的尊严、权利和价值；尊重人就是要承认人的差别，因人而异，量力而行，人尽其才；尊重人就是要把其他人看作目的，而不是实现自身目的的手段，即认真地对待他们，承认他们的合法权益，尊重他们的愿望。

尊重人不囿于对企业内员工的尊重，还应扩展到对其他利益相关者的尊重。

在企业中，尊重人也是目前应该强调的一条原则。

7. 和谐

和谐原则要求企业与利益相关者和睦相处。

企业是一个有明确分工的集合体。由于分工不同，所处的地位不同，人们的看法会有所差异。而企业又必须是一个有机整体，企业活动需要通过全体员工的齐心协力才能取得成效，因而能在企业内形成一种团结、友爱、互助的氛围很重要。

和谐原则要求员工之间团结、友爱、互助，管理者与被管理者之间相互理解，管理者与所有者之间相互支持，部门之间相互体谅、相互合作。

和谐原则也不仅仅局限于企业内部，企业与消费者、供应者、政府、社区、公众也应该和睦相处，以建立融洽的外部环境。即使与竞争者也要合理合法地相处。

在西方，重视团队是近年来出现的管理新趋势之一。我国有崇尚和谐的传统，"天时不如地利，地利不如人和"是人们常说的一句话。然而，提倡和谐不是说不要竞争，市场经济离不开竞争，即使在企业内部，也应该引进竞争机制。

讲究和谐也不是搞折中、"和稀泥"、当老好人。孔子说："君子和而不同，小人同而不和"（《论语·子路》），意思就是说，有修养的人讲协调不盲目附和，而没修养的人盲目附和而不讲协调。

鼓励和谐要反对"人情至上"、拉关系、走后门、拉帮结派等行为。

8.进取

市场经济和全球竞争对企业经营提出了很高的要求，迫切需要树立与之相适应的伦理观念，根据我国的实际情况，除了上面讨论的内容外，还应包括"进取原则"。

在我国传统习惯中存在着安于现状，得过且过，不思开拓创新，不求有功，但求无过，缺乏冒险精神，办事马马虎虎，满足于"差不多"，不讲认真，不求精细等流弊。可是，创新是企业的活力之源，风险是企业经营所不能完全回避的，尤其是企业要想有所发展，就得冒适当的风险。企业是提供产品和服务的，不认真怎么能拿得出品种新、质量优的产品和服务，不精益求精怎么能获得竞争优势。鉴于此，我国要大力提倡进取原则，勇于开拓创新，乐于承担适度风险，力求脚踏实地、精益求精。

可以肯定地说，在我们的工商企业的生产经营活动中，"应当"的善之观念远不止上述的这些，但这些观念毕竟是企业在自己的经营活动中必须确立的最基本的善之观念。如果没有把它们融于经营主体的认知、情感、意志中去，我们就很可能在生产经营实践中做出不道德甚至是违法的事情来。

美国学者戴维·J.弗里切从警策的角度提出了5条不可为之的不善情形。

一是贿赂。贿赂是通过购买影响力而操纵别人。贿赂被定义为"提供、给予、接受或要求有价值之物，以达到影响官员履行公共或法律职责时所做行为的目的"。有价值之物可以是现金或其他资产，也可以是交易完成后的回扣。

贿赂使受贿人与其所在的组织之间产生利益冲突。受贿人对其所在的组织有一种受托义务。而贿赂产生的个人利益很可能与组织利益冲突。最常见的贿赂目的是增加销售、进入新市场、改变或规避公共政策。我们指的贿赂不包括为货物通关付给海关人员的通融费，因为这种通融费在某些国家中被习惯性地认为是一种为得到服务而支付的小费。

　　支付现金很容易被判定为贿赂，而送礼物的意图有时则很难辨别。送礼可能只是在某种场合表示敬意的一种普通行为，也可能是以将来能及时影响商业决策为目的的。关键问题是送礼的意图和期望的结果。如果送礼的意图是为了影响行为，那就是贿赂。只要礼物在事实上影响了行为，无论是否是蓄意的，礼物都起到了贿赂的作用。如果礼物没有对未来的行为产生影响，则不构成贿赂。但是，有时候很难证明礼物没有产生任何影响。

　　二是胁迫。胁迫是指用暴力或威胁控制他人。它的定义是："用武力、武器或威吓进行强制、限制、威胁……可以是实际的、直接的或明确的，诸如用武力强迫他人做违背其意愿的事；也可以是暗示的、合法的或推定的，诸如一方受另一方压制的制约去做依其本意不会做的事。"强制力常常是一方威胁要使用其对不利一方的控制权。胁迫包括威胁某人要阻碍其提升，让其丧失工作，或在行业中投票反对他；还可能是迫使某人做违背其个人信念的行为。使用胁迫的目的是让某人做违背其意愿的行为。受胁迫的对象也可以是一个公司，如强迫一个零售商要得到其想要的产品就必须经营某种特定产品。

　　勒索则是一种特殊形式的胁迫。如果一个雇员向公司外部的人索取报酬作为他（她）代表公司交易时提供给对方好处的条件，那么他（她）就进行了商业勒索。勒索还包括通过行贿收买不同种类的威胁。蓄意威胁往往用于保证公司在某一市场内继续经营，躲避威胁性的竞争或防止其他种类的危害降临到公司之上。

　　三是欺骗。欺骗是通过误导来操纵他人或某个公司。欺骗是指欺骗性的行为，以虚假的语言或行动蓄意误导……明知故犯地做虚假的关于现在或过去的报道或描述。这种不诚实行为是违反商业伦理的最常见形式。欺骗包括对研究数据或会计数据进行歪曲或做假，做误导性广告，以及不真实地描述产品。它的表现还有篡改花销报告，剽窃其他产品的性能鉴定证书，以及不真实地描述财务状况。欺骗的范围从可能不产生危害或产生极小危害的小谎言到产生严重经济危害或人身伤害（包括死亡）的大的欺骗性阴谋。

　　四是偷窃。偷窃就是拿走不属于自己的东西。有学者将它定义为盗窃的行为，即在未经主人同意的情况下取得其财产。

　　偷窃同样包括许多种违反伦理的行为。财产可以是有形的或是抽象的。偷窃也包括在内部交易中把内部信息当作自己的来使用，以及制造假冒伪劣产品和价格欺诈，还包括使用一个公司的专有信息达到另一个公司的目的，这些信息可能是通过在未经许可的情况下使用该公司的计算机或程序而获得的。

价格串通也构成偷窃，因为串通价格比正常价格高，因此买方要为商品交换付出多于实际需要的钱。在签订和履行合同的时候做假也构成偷窃。因为被侵害方在未予同意的情况下就失去了有价物品。同样，欺骗顾客、过度推销以及不正当定价都是在未经财产所有人同意的情况下取得其财产，它同样可以被视为偷窃。

五是不公平歧视。不公平歧视的定义是不平等待遇，或因种族、年龄、性别、国籍或信仰等而拒绝给予某人通常的权利……或在受优待者和不受优待者之间难以找到合理的区别的情况下不能平等地对待所有人。我们这里指的是"不公平"的歧视，以与基于大多数人公认的相关标准的"区别对待"相区分。人们是按其资格被雇用的，报酬的多少是他们对组织的相对贡献。不公平歧视是指根据不恰当的标准区别对待一个人或一部分人。关键的问题是使用的标准是否与工作或职责的要求相对应。

维拉斯硅兹提出了符合雇用歧视的三个基本条件：

（1）它是一项不以个人业绩为依据的，不利于一个或更多雇员（或未来雇员）的决定。

（2）该决定完全或部分地源于种族或性别偏见、错误的传统观念，或其他在道德上不公平的看法。

（3）该决定（或一系列决定）对雇员的利益会产生有害的或负面的影响。

（二）开展多途径的善恶观教育

人是教育的产物。因此，在企业伦理文化建设中善恶观的社会教育与自我教育是充分必要的。善恶观教育的形式是丰富多彩的，我们无法一一罗列，但其主要的途径有：提高道德认知能力的教育，提高道德情感的陶冶和道德意志的磨炼。

国内有学者曾专门探讨过社会主义企业伦理教育的三方面内容。

1. 提高道德认识水平

提高道德认识水平是培育企业道德能力的重要途径。提高道德水平就是要认识和把握道德的根源、特征、本质、作用，尤其要认识它与企业发展的关系等。

提高道德认识水平的途径是多方面的，其重要的途径是实践。企业的实践是培育企业道德认识能力的沃土。例如，企业竞争精神就是在企业生产经营的反复实践、反复认识过程中形成的。长春第一汽车制造厂的工程技术人员和技术工人，先后有 325 批、1 158 人次到过 17 个国家学习、考察和进出口谈判，亲眼看见了国外汽车工业的发展，思想受到极大震动。企业全体职工在实践中深刻领会到市场竞争的大趋势和严峻，从而激发起"争一流，创新业"的群体意识。这一事例说明，企业以生产经营为中心的实践活动是提高企业职工道德认识能力的重要途径。

提高企业道德认识能力的另一重要途径是领导示范。厂长（经理）要求职工讲企业道德，自己就更要模范地承担起厂长（经理）自身的道德职责。譬如，领导者要求职工学习先进的道德思想和道德科学理论，自己就应首先带头学习；领导者在对群众进行执行规章制度的教育时，必须首先严格要求自己，做到言行一致，率先垂范。这样，职工才会心悦诚服，也才能提高思想道德教育的威信和效力。此外，领导者在决策管理活动中还要注意克服官僚主义，牢固树立"从群众中来，到群众中去"的群众观点，充分发扬民主，这样才可能获得比较正确的思想认识，也才能较快地提高自己的道德认识水平。

2. 陶冶道德情感

陶冶道德情感是培育企业道德能力的又一重要途径。道德情感是人们对现实生活中的道德关系和道德行为的好恶等情绪、态度，它是构成人的道德品质的重要因素和环节，也是培养人的道德能力的重要内容。对于企业来说，陶冶道德情感就是要提高职工对于善恶的爱憎感情，培育企业职工重视、崇尚社会主义、共产主义的道德情操。从实践上看，其主要包括以下几个方面。

（1）以群众性的企业精神文明活动为载体。社会主义精神文明是人类文明发展的一个重要阶段，企业精神文明建设的根本任务是全面塑造企业文化，培育"有理想、有道德、有文化、守纪律"的"四有"职工队伍。企业可以通过各种创建文明单位活动和通过评选五好家庭，提出合理化建议；通过无次品竞赛、岗位业务竞赛等活动，把道德教育和精神文明建设融会其中，达到陶冶职工道德情操，提高企业道德能力的目的。

（2）把解决思想问题与解决实际问题结合起来。职工的思想问题通常包括认识和意识两个方面。解决认识问题需要摆事实、讲道理、以理服人；解决思想品质、道德观念等意识问题，需要通过各种形式去启迪、感染，通过艰苦细致又持之以恒的思想工作，包括严肃的批评和自我批评。这两个方面往往是同实际问题相伴出现的。譬如，职工对改革人事工资制度产生疑虑，甚至抵触情绪，除了对企业三项制度改革缺乏必要的了解和正确的认识外，还与部分职工年龄大、身体差、缺乏技术技能等实际情况有关。因此，在解决职工思想认识的同时，必须注意解决职工现实生活中的困难和矛盾，诸如生病、住房、同事关系、家庭关系、子女拖累以及生产、工作、学习中的实际问题与困难。通过解决实际问题来解决思想问题，又通过提高思想觉悟和道德水准，促进实际问题的解决，以达到增强企业凝聚力，进而陶冶职工道德情操、提高企业道德能力的目的。

（3）寓教于乐的道德熏陶。企业进行道德教育、提高道德能力的又一成功之路是通过开展企业文化活动、艺术活动以及体育活动等，潜移默化地来增强职工的道德情感，促进其道德能力的提高。生动活泼、丰富多彩的文化娱乐和体育活动，可以吸引广大职工，使他们在参与活动的过程中增长知识，培养有益的兴趣和爱好，增强集体主义观念，陶冶道德情感。文学艺术原本就是道德的近邻，广播、电视、报纸、刊物、图书、电影、歌舞等也都是听众、观众或读者最多的传播形式，都能实现陶冶道德情感的作用。文娱体育活动已越来越受到人们的喜爱，不少企业也十分重视通过文娱体育活动来对职工乃至对社会施加道德影响。譬如，企业开展球赛、棋赛、歌咏比赛、文艺演出以及书画、摄影等群众性业余文体活动，能使职工在紧张的工作之余不仅得到高尚的精神享受，而且在活动过程中发展了职工与外界之间的交往，增强了同事友谊，培养了集体主义意识和团结协作精神等。

（4）礼仪活动。我国素以文明古国、礼仪之邦著称于世。几千年来所推行的"礼治"虽有许多糟粕，但其中优秀的部分仍不失为一份宝贵的文化遗产，其中的"礼仪"内容也有可供今天的企业批判继承之处。企业礼仪活动，如升旗、唱厂歌、穿厂服、佩戴厂徽、欢迎新职工、欢送离退休职工、颁奖、厂庆、祝贺职工生日、家庭座谈会、文艺晚会、盛大庆典等也是企业文化活动的组成部分。通过这些活动有助于塑造企业形象、发展公共关系，使职工在礼仪礼节的文化氛围中受到道德的熏陶和感染。

3. 锻炼道德意志

道德意志是指人在履行道德义务的过程中所表现出来的自觉克服一切困难和障碍、做出抉择的力量和坚持精神。锻炼道德意志也是培育和提高企业道德能力的不可缺少的重要途径。

道德意志的形成和强化，必须在道德实践，在困难、挫折和错综复杂的矛盾冲突中来进行。在这个过程中特别需要在正确的道德信念下树立坚定的道德目标，并善于总结失败的教训，逐步养成水滴石穿、不屈不挠的顽强精神。美国女企业家玛丽·凯·阿什说："我确信生活是一系列的尝试和失败，我们只是偶尔获得成功。重要的是要不断地尝试。"被评为国家一级企业的上海分析仪器厂，20世纪50年代原是一个街道企业，他们在几十年的办厂历程中，始终保持百折不挠的斗争意志和"厂兴我荣、厂衰我耻"的企业精神，终于成为我国分析仪器行业中举足轻重的企业。从他们的实践中不难看出，道德意志往往是在长期同艰难困苦做斗争的过程中锻炼和培养出来的。如果企业缺乏坚定的道德意志和远大目标，如果企业安于现状不思进取，如果害怕困难，回避或逃避竞争，那么，企业将难以形成顽强的道德意志，更谈不上提高企业的道德能力。

（三）拥有积极主动的抑恶扬善观念

我们已经知道，对善与恶的认知有一个由自发到自觉最后达到自由的心灵历程。在这个过程中，形成"从心所欲，不逾矩"的自由境界，不仅是善恶意识所确立的最高价值目标，显然也是我们的企业伦理意识所必须确立的最高价值目标。当然，这个目标的实现无论在企业经营者个人那里还是在整个企业中，也都必须经历同样的过程。只有经历了这样一个过程，企业所形成的善恶意识才是真正稳定而有效的。

在善恶观念的确立方面，形成较高层次的善恶意识观念是保障企业伦理得以有效确立的重要前提条件。这种较高层次的善恶意识不是自发的，而是自觉基础上的一种真正的自由状态。这种自由状态要求我们的企业在自己的企业伦理价值观的确立方面，对善的行为要积极地认可并践行，对恶的行径则坚决地予以摈弃。特别值得指出的是，无数的企业经营实践已证明，在道德观念上培养并拥有一种积极主动的善恶观，往往也是企业在复杂的商业竞争环境下胜出的奥秘之所在。

的确，在企业经营活动中，能否确立积极主动从而也是高度自觉自由的抑恶扬善的道德观念，积极赋予自我一种强烈的道德义务感和使命感，正是企业面对激烈的市场竞争能否胜出的一个法宝。事实上，从20世纪70年代起，美国、西欧、日本的一些先进企业，就已经在组织内部逐步建立起严格的伦理制度和监管机制。它们在观念上明确认同善之观念的重要性，不再认为企业的竞争应是赤裸裸的斗争，不再认为打垮对手就是自己的胜利。这些认知促使企业改变了旧有的经营观念，把企业定位在追求利润与推动社会的良性发展的内在一致上，使企业能够长久持续地生存下去。

然而，令人遗憾的是，我国许多企业对此尚未引起足够的重视。不少经营者似乎对管理实务尤其是经营谋略更感兴趣，而其目的无非是用最快捷、最廉价的方法实现发家致富的梦想，完成"空手套白狼"的壮举。中国谋略源远流长，博大精深，但过于"偏食"经营谋略而忽视伦理，谋略很可能会成为"毒药"。当今假冒伪劣、欺诈行为的泛滥，正是这种"偏食"造成的恶果。

第四节　善恶行为论与企业的伦理抉择

道德行为总是指道德主体在现实生活中依据一定的道德意识而做的自我抉择。道德行为的这种选择是道德观念的一种外化和付诸实现，也是道德作为人类以"精神—实践"方式把握世界之后，使道德摆脱纯粹意识的观念形态而实现自己实践理性本质的唯一途径。因而，研究道德主体的行为实践活动，对元伦理学具有最重要的理论价值。因为道德行为的实践选择过程也就是人实现自己道德价值的过程。我们为之景仰和追求的人生价值及理想，如幸福、荣誉、尊严等，都是在自我道德行为的选择中得以实现的。也因此，元伦理学的道德行为为研究企业伦理学、探讨企业生产经营实践中如何进行伦理抉择，提供了最基本的理论依据。

一、理论背景：善恶行为的一般理论探讨

善恶行为通常与道德行为同义。善恶行为的发生机制源于对外在荣誉的追求和对内心良心的遵从，而这种荣誉和良心作用的综合便形成了主体的道德义务感，促使道德行为付诸实施。

（一）作为道德行为之心理机制的荣誉感和良心

荣誉及对荣誉的追求是道德行为发生机制的社会方面的因素。一般地，所谓荣誉是指人在履行了义务之后所得到的道德上的褒奖和赞许。因而，荣誉有表现于外在与内在两个方面的内涵：荣誉的外在方面主要是指社会舆论给予的赞许，即一个行为由于履行了应有的社会义务而得到社会或集体的肯定和赞扬；荣誉的内在方面是指由于得到社会舆论的认可和嘉许而在自我意识上产生了个人道德情感上的满足感和自豪感。所以，荣誉的这一内在方面的含义又称荣誉感。荣誉所包含的这两方面内涵是互相联系和互相影响的。作为社会道德评价之外在尺度的社会舆论，对道德行为的认可和褒奖是荣誉的客观基础；而自我意识中的满足和自豪感则是对社会舆论这一客观评价的主观感受。

和任何道德观念一样，荣誉的观念也受到一定的社会历史条件限制。不同时代、不同阶级以及同一阶级内部的不同阶层的人们，由于他们所处的地位不同，必然会有不同的荣誉观。在道德发展的历史形态中，我们可以看到，各个时代、各个阶级的荣誉观总是和阶级的道德规范、道德原则和道德

理想联系在一起的：奴隶主阶级把出身的高贵和拥有奴隶的多少视为荣誉的象征；封建贵族把特权门第视为荣誉；而资本家阶级则把金钱和财富及其由此决定的社会地位视为荣誉的代名词。所以，恩格斯说："每个社会集团都有它自己的荣辱观。"社会主义社会把荣誉视为社会集体对行为者德行的嘉奖和鼓励，因而荣誉不再是财产、特权、门第的副产品。这无疑是一种正确的荣誉观。当然，以往历史上一些进步的思想家，对荣誉也做了诸多合理的探讨。譬如汉代的贾谊就有"贱而好德者尊，贫而有义者荣"的思想。这种认为荣誉不在于门第、权位、财产而在于"德"与"义"的观点无疑是难能可贵的。

　　无论如何，作为社会对行为者德行的一种褒奖，荣誉在个人的道德行为中要产生特殊的影响作用。荣誉作为一种评价尺度，不仅裁决着人的行为善恶，而且通过这种裁决会激励行为者按这种裁决自觉地行动。而荣誉之所以有这种裁决和激励作用，是因为荣誉通常是社会公认所赋予的，具有一定的权威性和影响力。这样，荣誉在道德行为中的特殊作用就具体表现为：其一，荣誉使劝人行善的外在形式带有了某种权威性。这种权威性促使人追求德行，避免耻辱，从而达到行为的抑恶扬善。其二，荣誉的评价由于采取的是正面肯定形式，因而更能调动人的奋发向上精神。这种肯定既使荣誉的获得者更加努力，加倍珍惜荣誉，也使尚未获得荣誉的人发奋努力，有了一个在德行方面积极进取的具体目标。

　　从道德心理上分析，荣誉通常还通过羞耻之心发生作用。耻辱作为荣誉的对立面是社会对不道德行为的贬斥和否定。知羞耻，能内疚，行为往往便能向得到荣誉的方向转化。正是由此出发，我们才可以理解为什么孟子把"羞耻羞恶之心"视为人之"善端"（《孟子·公孙丑上》）。这也正如马克思指出的那样，"耻辱是一种内向的愤怒"。羞耻之心正是对恶的愤怒的主体感知，这样才产生了向善的欲望和冲动。行为主体一旦把这种欲望和冲动真正付诸行动，那么这种行为就是善的，就是能够得到荣誉的。俗话说"浪子回头金不换"，说的正是这样一种情形。

　　珍视荣誉是德行的一个保证。对荣誉漠不关心者，其德行也就因此失去了应有的激励的机制。当然，荣誉心并不同于虚荣心，尽管在现实生活中荣誉心和虚荣心往往很难区分。两者虽然都构成行为的某种驱动力，但虚荣心只是一种狭隘、庸俗、低级的功名心。虚荣心作为一种私欲使行为者掩盖自己的本来面目以赢得社会和他人的某种赞许。当然，虚荣心也许并不总是恶的品行，但人的许多恶的行径却是由虚荣心滋生出来的。在现实生活中有的人甚至不惜以别人的痛苦或国家集体的利益遭受侵害来满足自己的虚荣心，这无疑是道德行为中恶的品性。荣誉心和虚荣心的区别，就如诗人何塞·马蒂所说的那样："虚荣的人只关注自己的名字，光荣的人则关注祖国的事业。"正因为两者有这种区别，所以虚荣心往往以浮夸炫耀为表现形式，而荣誉心则以谦逊诚实为自己的美德。

为了区分虚荣心和荣誉心，探讨一下荣誉本身是目的的还是行为的客观后果这样一个问题是有意义的。在我们的行为实践中，荣誉常常被视为类似于目的的一种内驱力。但从本质上讲荣誉本身不该是目的，而只能是德行的一种客观后果。荣誉永远只是客观地反映着社会整体利益的一种对德行的肯定评价。也正是从这个意义上，我们可以认为"荣誉只是德行的副产品"。如果我们把荣誉视为目的，那么荣誉心就开始向虚荣心转化了。

从这一点上讲，要真正发挥荣誉在道德行为评价中的积极影响作用，善于区分荣誉心和虚荣心对个人道德行为的发生有着重要的意义。我们不仅要求道德主体有正确的世界观和人生观，而且更要求道德主体在道德行为中有正确的荣誉观。我们珍惜荣誉，但如果视荣誉胜过德行甚至自己的整个生命，那么我们的人生往往又终将会被荣誉所累。

如果说荣誉是道德行为发生机制中的社会方面的因素的话，那么良心在德行发生机制中则属于主体内在方面的因素。也因此，良心是已有道德伦理学说中最古老而又最经常被提及的范畴之一。良心在古代伦理学史上往往被蒙上一层神秘的面纱。中国古代思想家有所谓"天理良心"一说，事实上是把良心看成"天之所予我者"。如在孟子看来："人之所不学而能者，其良能也；所不虑而知者，良知也。"而王阳明则认为："见父自然知孝，见兄自然知悌，见孺子入井自然知恻隐，此便是良知，不假外求。"

其实，从本质上讲良心只是人对道德理性的一种被整合了的自觉意识。这种意识既是一种强烈的道德责任感，又是一种高度自觉的自我评价的能力和形式。因此，良心显然是道德主体意识中的一种融合物。它把人的心理中的一切层次，理性的、情感的、意志的，甚至潜意识的、直觉的等因素，都有机地整合成一个严密的、内在的道德心理机制。

可以肯定地说，良心要依靠冷静的理性分析和道德上的逻辑评价，因而表现在心理上，良心是人在道德行为选择时发自内心深处的认知和理性的隐约声音。而且，这种声音带着理智的命令性和权威性的特征。从道德认识过程分析，良心的这种理性的机制源于主体在认知上对道德规范必然性的理解、把握和接受，并通过这种认识内化于主体的心灵世界中。由于有这种认知和体认的基础，良心就必然要求道德行为主体在内心世界中竭力克服异己的力量，维护那些在社会关系中积淀并巩固下来的道德价值原则。

但良心又并不仅仅依靠理性。事实上，道德主体的情感、意志、直觉等品性也都作为"人类心灵的触须"（罗曼·罗兰语），对良心的形成和实现其职能发生着重要的影响。所以，在现实生活中，良心在表现形式上还总是要表现为情感上的愉悦或不满，意志上的坚决果断或优柔寡断。而直觉、顿悟等道德认知的特殊方式就更是以感性、灵性或悟性的因素渗透于良心之中。正是因为这样的原因，良心才往往被蒙上不可思议和神奇莫测的色彩。

作为人类道德意识的一种特殊形式，良心中的理智因素、情感因素、意志因素、直觉因素等是相互联系和彼此制约的。非理性主义伦理学说把良心说成只是"激情"或"冲动"的驱使无疑是片面的，因为它否定了良心有其认知和理性机制支配的客观事实。如果良心只是一种"激情"或"冲动"，那么良心就会变得不可捉摸。与这种观点相反，实证主义的伦理学说把良心看成仅仅是人类"逻辑的推理"，这种观点无疑也是错误的。因为这种理论不了解良心除在理智的支配下，还有情感、意志、直觉等因素的参与和渗透。否则，我们也就无法理解良心何以在道德生活实践中具有如此巨大的情感力量和意志约束力。

作为对行为善与恶的自我评价形式，良心在道德评价中的特殊作用集中表现为"行善"和"制恶"的内在心理控制机制上，并具体表现在以下几个方面：

其一，在道德行为抉择前，良心要依据履行义务的道德要求和道德责任对行为的动机进行自我检查。亦即根据所谓的"问心无愧"还是"问心有愧"的形式对行为动机进行一番审视，从而对行为动机做出肯定或否定的自由抉择。从道德认知的过程看，这往往以道德上的"如果……就……"的假言判断形式表现出来。对于良心的这种作用，卢梭曾非常推崇地这样说过："良心！良心！你是神圣的本能，不朽的天堂的呼声；你是一个无知且狭隘的生物的可靠导师，你是理智而且自由的；你是善与恶万无一失的评判者；……"卢梭把良心视为神圣的本能和天堂的呼声，这当然是不科学的，但他强调了良心作为人类行为的导师能够指导人的行动，这一认识无疑是深刻的。在日常生活实践中许多人声称自己是"凭良心办事"，表明的正是良心的这种作用。

其二，在道德行为过程中，良心能起着监督行为的作用。道德行为本身是一个错综复杂的过程，行为动机受良心检查已被证明是善的，但这还不能保证在实践过程中就不会有恶的行为发生。这样，以"良心的发现"为表现形式的对行为过程的监督就显得特别有意义。这正如英国著名作家毛姆在《月亮和六便士》中非常形象地说过的那样："我把良心看作一个人心灵中的卫兵，社会制定出的一套礼规全靠它来值勤站岗，监督着我们别做出违法的事情来。"在人类的道德行为中，良心对行为趋善避恶的监督保证作用是普遍存在的。

其三，在道德行为结束之后，良心能够对自由选择行为的后果和影响做出评价，从而起到道德认识方面的反省和提高的作用。这是一个"己所不欲，勿施于人"的将心比心的过程。正如费尔巴哈指出的那样："我的良心无非是站在被害的'你'的地位上的'我'，无非是以本人追求幸福为愿望为基础并且遵从这一愿望的命令的别人幸福的代表者。因为，只是由于我从本人的感觉中知道疼痛是什么滋味，只是由于我避免受苦的那个动机，我才能由于使别人受苦而感觉到良心的谴责。"这样，道德主体对后果无论是产生满足和欣慰之情，还是充满内疚、惭愧和悔恨，都能对主体今后的道德行为产生巨大的影响和借鉴作用。古训中有"人须知耻，方能过而改"的说法，这里的所谓"知耻"就是良心上的内疚悔恨感，它能促使人"过而改"。也因为这个原因，中国古代曾子的"吾日三省吾身"（《论语》）才成为人们普遍认同的道德格言，而古希腊哲人德谟克利特也有"对可耻行为的追悔是对生命的拯救"的箴言流传于后世。

（二）道德义务和道德义务感

荣誉和良心在道德行为过程中的驱动作用，往往是通过形成一种自觉的道德义务感而发生的。

关于义务问题，马克思曾这样说过："作为确定的人，现实的人，你就有规定，就有使命，就有义务，至于你是否意识到这一点，那都是无所谓的。"人所有的义务是由于人的社会性需要及其与现存社会的联系而必然产生的。道德义务则是一定社会对处于一定社会关系中的人的行为在道德方面的要求。亦即凡是有人与人的关系存在的地方，有共同生产、生活和活动的场所，就都有道德义务的存在。人的社会性存在是道德义务存在的客观必然性根据。但道德的社会要求要转化为个体的道德行为，在道德个体方面又必须要表现为个体在理性、情感和意志方面接受社会的道德要求，并在此基础上对自己将要选择的行为后果所负的责任有一个预见和把握。而这一切正是通过道德个体的义务感才表现出来的。也因此，在伦理学中，义务感通常被理解为一种道德主体自觉意识到了的道德责任感。

正因如此，对义务范畴的探讨在伦理思想史上可以说是亘古及今的。我们知道，"义"这个范畴在中国古代伦理学家那里就是"应当"的意思。朱熹认为"义之为义，只是一个宜字。"这个说法是深刻的，它涉及道德义务最本质的属性。西方伦理思想史对义务做了更为详尽的探讨。柏拉图把义务理解为"上天所赋予的智慧和德性"。康德从善良意志出发把义务视为自己伦理学的中心范畴，因此，在他那里义务是善良意志发出的绝对命令，这是一种绝对的行动规律。也因此，在康德看来，义务就其表现在人的行动过程而言，就是牺牲个人的一切爱好，人也应该遵守这个规律。费尔巴哈则在人的自然本性中把握义务，在他理解来看，对于自己应尽的各种义务不是别人的，而是一些行为的规则。为了保持或获得身体和精神的健康这些规则是必要的，并且是由追求幸福而出现的。因而义务在费尔巴哈看来具有双重的含义：一是承认他人对幸福的追求，即利他主义；二是为了将来的幸福而抑制自己当下的许多不合理欲求，即自我克制。所以，他同时认为义务是自我克制，而自我克制无非是使个体服从别人的利己主义。这些思想家对义务的探讨均有正确的地方，特别是他们都把义务视为道德行为的调节机制。然而，他们对义务本质的解释又带有极大的片面性，甚至充满着唯心主义的色彩，这又是我们在理解和把握上述思想家的义务观时应注意扬弃的。

事实上，义务作为一种被意识到了的道德责任，它不是来自人的善良意志或自然本性的需要，而是来源于人性发展的客观要求和社会进步的必然，以及人类对这种进步和必然性的自觉认识。从道德个体义务感的产生而言，义务就是社会道德关系及其社会道德的规范在个人内心中的体认和反映。每个人从儿童时代起就从家庭、学校、社会中接受了各种关于人生义务的观念，并仿效大人为自己亲近的人而尽义务。随着年龄的增长，义务感不断加深，并和自己的道德理想、人生目的以及社会崇尚的道德规范、原则、理想、信仰等联系在一起。这时，作为道德主体内心的、自我要求的道德义务感就真正诞生了。

因此，义务感是高度的道德责任感，它是个人自觉自愿因而也是自由地使自己的认知、情感、意志服从于一定社会道德规范的内在心理机制。这种内在心理机制最重要的作用在于，它构成道德主体在道德行为中的内驱力。

义务感在道德行为选择中的这种作用首先是基于理性的认知基础之上的。如果我们不假思索地追随某个权威，效仿某个楷模或领袖人物，盲目跟从别人或社会的意志行动，那么这绝不是履行自己的道德义务。真正的义务感是道德主体人格中的理性对道德情感、意志、信仰的唤醒，而不是不知所以然地、盲目地从他人或社会中去"接受"所谓的道德义务。同时，义务感作为高度自觉化了的道德责任感，也不应使道德主体感到是一种无穷无尽的重负。倘若一个人只是忍受着道德义务的重负，无可奈何地执行着义务的命令，那么这显然还未能达到较高的道德境界。唯有那些把道德义务的要求和自己内在的道德信念、道德理想结合起来，使义务成为心灵和人性完善的一种内在需要，并能从中享受到欣慰和愉悦心情的人，才是真正达到了道德的自由境界。

义务感正是基于理性的基础和可负的道德责任来真正发挥其行为实践的内驱机制的。进一步的分析可以发现，道德义务作为道德选择中的行为机制是通过以下两种途径实现的。

其一，道德义务通常是以牺牲自己的某种个人利益来实现对行为的调节的。正是在这一点上道德义务不同于政治和法律的义务。亦即道德上的义务本身的含义就是要人趋善避恶，即做出有利于他人，有利于社会的行为。它不但不以获得某种个人的权利或报偿为前提，而且相反总要牺牲一些个人的利益，在极端情形下甚至以牺牲生命作为代价。当然，正如马克思所说的那样，没有无义务的权利，也没有无权利的义务。道德义务的履行，总会得到社会给予的某种权利或荣誉作为报偿。但和政治义务、法律义务不同的是，道德义务的这种权利不应构成行为本身的目的，否则，这就不是在履行一种道德义务，其行为也就失去作为道德行为的本质。也因此，我们可以理解为什么中国传统道德观中有所谓"施恩图报非君子"之类的说法，这正表明了道德义务与其他义务的本质区别。

其二，道德义务也是在对道德自由境界的追求中实现其对行为的调节的。与其他义务不一样，道德义务是行为自由的集中表现，因为在道德行为中道德义务总是自觉自愿地履行的。当然，这种自觉自愿的履行是建立在道德行为主体认识了社会发展的客观要求，把握了社会发展中最大多数人的意愿和要求，认识到了自己存在的价值、使命、职责的基础之上的。否则，道德主体要自觉、自愿和自由地履行义务就没有了认识论的前提。因此，道德义务首先是一种自觉的认知。而与此同时，这种自觉的认知在指导行动的过程中又表现为主体的自由选择。这种自由的选择就是道德主体不会把道德义务作为一种外在的沉重负担，而是看成主体追求自由自觉的一个愉悦的行动。黑格尔曾深刻地指出过这一点："在义务中个人毋宁说是获得了解放""义务所限制的并不是自由，而只是自由的抽象，即不自由。义务就是达到本质，获得肯定的自由。"

所以，尽管从义务感在道德行为中的调节作用看，道德义务无疑有着一种精神层面上的强制性，但它决不能简单地被归结为强制性。在这一点上，我们认为康德在道德义务的理解和阐释方面陷入了片面性。他采取了过于严酷的态度，以绝对命令来解决道德上的义务问题。人总是不得不履行义务而不可能任意地按照自己的意愿来自由采取行动。而且，他又认为，也唯其因为这样，道德才显示出实践理性的价值。显然，康德在这里的错误是忽视了道德义务是一种自觉、自愿和自由的道德责任感，片面地夸大了义务的强制性。如果我们这样来理解道德义务，在自己的行为中就会使道德义务因着太多的强制性而走向自己的反面，履行道德义务变成了逃避义务；或者使道德义务因着太多的无可奈何的消极性而不能很好地发挥其作为行为选择的心理机制的作用。

特别值得指出的是，在现实生活中，许多人并不了解道德义务的真实含义，不了解道德义务对于行为选择的机制作用，把义务视为个人自由的枷锁，视为对个人兴趣、爱好和个性的否定。其实，这恰恰是对道德义务的误解或无知。道德义务作为对他人、社会的道德责任，诚然是一种限制和约束，但它又是充分必要的限制和约束。从道德行为的本质特性考察，义务的限制和约束的必然性与道德规范的必然性是一致的。所以，黑格尔才认为，义务仅是限制主观性和任性。一个在道德意识和道德行为方面都高度自由的道德个体，总是善于在扬弃主观性和任性的基础上，把自己的个性、爱好纳入一定的道德义务之中，从而真正造就自己的理想德性。

在义务的理解上还有一个值得特别讨论的问题，即对自己的义务与对他人、社会的义务的关系问题。康德曾经指出，人的道德义务包括对社会和对自己这样两个方面的指向。他认为人应当把人视为目的，既把自己看成目的，也把他人看成目的。因而，在对社会尽到义务的同时，又必须对自己也尽义务。康德的思想无疑是正确的。但这两种义务之间通常又是矛盾的，当社会需要个人尽义务时往往同时意味着个人要放弃对自己的义务，有时甚至可能要求个人牺牲自己的生命。这时，道德行为主体便面临一个不同道德义务的选择问题。康德的伦理学没有回答这个问题。

我们当然不否认个人对自己的义务。所以，就道德义务的一般含义而言，它事实上就已包含着一个人不仅对社会和他人，而且还有对自己的道德责任。马克思曾说："整个历史也无非是人类本性的不断改变而已。"而这种人性改变的根本指向是人自由而全面地发展自己。从个体与类的关系而言，这个价值目标既包括每个个体自由全面的发展，也包括整个人类的自由全面发展。从这一基本思想出发，我们至少应承认道德义务中有对自己的责任，即自我人性的完善追求同样也是非常重要的。因而，道德义务不能离开对自我的义务。

但是，我们要进一步探讨的问题是，对自己和对他人、社会这两种义务的关系是怎样的。从根本上说，这个问题的解决是和道德主体所处的社会关系，从而也是和一定社会的经济基础、政治制度和文化传统相关，即不同时代、不同经济政治制度和文化传统下的道德思想体系对此会有不同的回答。封建社会把对于皇帝君主的效忠视为臣民的第一义务，所以"君为臣纲"列为"三纲"之首。与此相反，资本主义社会中，在资产阶级经济学看来，具有决定性重要意义的是，宣布积累资本是每个公民的首要义务。而在社会主义社会，每个社会成员对社会的义务则必须优先于个人对自己的义务。这在很大程度上是我们自己的义务——关心我们的发展，注意使我们的个人生活在健康和尽可能幸福的条件下度过，但是只要这些要求同我们对无产阶级的义务发生某种冲突，这些因素就应当让位于社会因素。为此必须培养坚定的性格，必须培养一种善于控制自己，克制自己的欲念和愿望，善于坚定地把自己的意志、自己的意识指向需要方面的能力。

当然，辩证法要求我们在这个问题上不能走向绝对。其实，在现实生活中除了对自己的个人义务要服从于对社会的义务之外，也还有另一种理想的情形，这就是对社会的义务与对自己的义务是相统一的。而且，在某些特定条件下，社会甚至也允许其成员更多地关注对自己的义务。因为道德上的自我认识、自我实现、自我发展、自我超越本身就是在对社会尽义务的过程中实现的。如果不注重甚至否定道德个体必须对自己尽义务，那么我们的社会道德要求往往便会沦为一种空洞的道德说教。

也因此，马克思所倡导的集体主义道德原则在道德义务上便包含了双重的指向：一方面是个体对社会集体及成员（即他人）所尽的义务，即要有自我牺牲精神，要关心集体、关心他人，要有同情心，要有正义感；另一方面则是个体对自己所尽的义务，即要在集体与自我关系的正确把握中实现自己的自由，要既能悦纳自己，又能超越自己，从而完善自己的人性，造就理想的道德品性。或许正是从这个意义上，马克思、恩格斯才认为，无论利己主义还是自我牺牲，都是一定条件下个人自我实现的一种必要形式。

在道德实践中，不仅有集体和个人的义务之间的矛盾关系需要解决，而且还有众多的不同义务需要选择和协调，如对国家、对民族、对阶级与对同事、对家庭、对朋友之间的义务都有一个选择的问题，尤其是在这些道德义务相互冲突情形下的选择更是体现一个人道德境界高低的重要表征。

一般来说，在诸多的义务选择中，我们的道德意识和道德行为应当善于使这些义务彼此协调，至少不发生尖锐的冲突。否则，道德行为的自由选择必然要受到阻碍。道德主体正是在这些义务的选择和协调中体现出道德价值。

（三）道德冲突中的行为选择

道德冲突是道德行为选择中的一种特殊的情形，即行为主体在履行自己道德义务时碰到了矛盾的情形：当根据某一道德规范的要求做出某种道德行为的选择时，却会导致妨碍行为者本人去按照另一道德规范的要求去履行义务。这样，道德主体往往会处于一种不知所措的尴尬境地。而且，道德主体如果对道德冲突不能合理地予以解决，那么道德行为就不能切实地实现。因此，道德行为的实现有赖于道德冲突的合理解决。

从一般意义上讲，道德冲突指称的是这样一种情形，即道德主体在行为可能性的抉择中，处于一种两难的境地：一方面这种行为符合某种道德规范准则，但另一方面它又违反了对道德主体来说也有道德价值的另一规范准则。这就要求道德个体在相互冲突的道德价值准则之间进行自主的选择。这种自主选择要求行为主体选取其中一个有较高道德价值的行为，舍弃另一种可能道德价值性较小的行为，从而实现自己所追求的某种道德目的。

毫无疑问，在道德冲突的情形下，道德主体与其说是不了解道德规范准则，还不如说是太了解这些道德规范准则。正因为太了解这些道德规范准则，才必须在行为中解决不同道德规范准则之间的冲突。道德冲突的情形是错综复杂的，做一理论上的归纳，道德冲突大致有以下两大类情形。

其一，不同道德体系范围内的规范、准则、理想之间的冲突。显然，由于在一种社会形态当中存在着各种不同的道德思想体系，而这些不同的道德思想体系本身可能就是冲突的。

其二，相同道德思想体系下的不同道德规范准则之间产生的冲突。由于现实生活中个人同社会、个人与他人之间的关系极为复杂，因而，我们在遵循道德规范准则的过程中就常常会出现矛盾冲突的情形。这种冲突可以表现为道德的现有水平和道德理想要求的冲突；各种责任和义务之间的冲突；道德义务和个性发展要求的冲突；等等。一般地说，由于这种冲突是发生于同一道德思想体系内部的，因而在道德主体那里通常不表现为尖锐的对抗。

无疑，正确区分两种不同类型的道德冲突，是解决道德冲突从而实现道德行为自由选择的认识论前提。特别需要指出的是，道德冲突不仅是道德行为选择的一种特殊形式，而且同时也是道德自由选择的一种特殊形式。只要对道德冲突的情形做一认真的审视，就可以发现冲突并不否定选择的自由，相反，冲突恰恰是由于人能自由地选择而产生的。因为冲突至少表明道德主体可以在两种可能的道德方案中选择，否则如果行为主体只能如此，别无选择，那也就无所谓冲突了。

道德冲突中自由选择的实现，必须基于对道德规范准则有一个正确的认识。道德上的这种认识不仅能帮助道德行为主体区分真实的冲突与虚假的冲突，而且还能对道德冲突进行质与量的分析和把握，从而为解决冲突提供根据。

道德冲突中自由选择的实现除了有赖于道德认知对冲突性质的把握之外，还有赖于道德行为主体情感、意志的参与和努力。这种情感和意志当然基于一定理性认识的基础上，但又作为两个独立的成分影响道德主体在道德冲突中的行为选择。显然，道德情感上的冷漠和意志上的软弱必然会作为消极因素阻碍主体在道德冲突中做出自由的选择，这一点在莎士比亚剧作中的哈姆莱特身上可以获得非常生动形象的了解。

当然，也正因为主体具有自由选择的可能性，所以，在各种不同道德价值冲突的选择中道德主体有时的确处于一种非常为难的窘境。因为人一方面可以自由选择，另一方面又必须对自由选择负责。这样，伴随着冲突中的自由选择，道德主体的内心通常是痛苦的。存在主义的伦理学家甚至据此认为，人能进行的自由的道德选择注定要使人陷于痛苦和绝望。萨特就认为，人是自由的，但也因着这个自由，人又是悲观绝望的。在他看来，任何在冲突中的自由选择都是同样有价值的，因而任何选择都是可能和可以的。但这种自由选择背后又有沉重的道德责任，正是这种责任又使任何选择都要伴随犹豫、痛苦和绝望。尽管萨特夸大了这种选择中的痛苦心境，但他的这个思想是有一定合理性的。

的确，道德主体在道德冲突的选择中内心常会体验到难言的孤独、焦虑和不安。行为主体若想回避这些痛苦就只能放弃选择，放弃道德上的自由，听凭别人或权威或社会集团对冲突做出裁决。但这样一来，行为主体就丧失了自主自由选择的本质特性。因此，道德主体必然不会放弃这种自由自主的抉择权力，从而也就注定要忍受痛苦的考验与折磨。道德主体也正是在这种痛苦的选择中显示了自己人生存在的道德价值。

任何道德冲突的真正解决，都在于道德行为主体对道德目的与达到目的的手段的正确选择。否则，道德行为是无法实现的。在道德实践中常有这样的情形：为了某种道德的目的，采取了不道德的手段，或者是为了某种不道德的目的，而冠冕堂皇地采用了道德手段。对此，在伦理学理论上，有两种相互对立的观点。其一是目的决定论的观点。这种观点认为只要目的是正当的，手段可以不考虑道德与否。目的决定论最经常提及的一个例子是，为了救济穷人可以偷窃。这是因为，在目的决定论者看来，只要目的是道德的，是善的，那么手段就不存在卑鄙和高尚的区分。因为目的可以规定和说明一切。也因此，目的决定论认为只要目的是善的，手段的任意妄为如偷盗、撒谎、叛变、投毒、行刺在道德上都是容许的，而且目的可以证明和规定任何手段都是以善为目的的。其二是手段决定论的观点。这是一种与目的决定论针锋相对的观点。这种观点认为手段就是一切，而目的是不确定的。目的不能证明手段的正确，而手段可以支配目的，能够改变目的的善恶属性。如果一种手段是不道德的，那么其目的无论是否道德，都将因手段的不道德而被视为不道德。在手段决定论者看来，道德的目的正是通过道德的手段才能真正实现的。

上述两种观点的偏颇之处在于理解目的与手段关系时的形而上学片面性。目的决定论和手段决定论把原本不可分割的目的和手段这两个方面相互对立起来，或者把目的的作用绝对化，或者把手段的作用绝对化。事实上，在手段和目的的选择中，"手段决定目的"和"目的决定手段"是相互补充的。一方面，手段的道德价值直接影响了目的的道德价值，所谓的"只要目的是道德的，任何手段都合理"的说法是似是而非的；另一方面，手段的道德价值又取决于目的的道德价值。如果目的是不道德的，任何道德的手段也只是貌似道德而已。因此，道德选择中目的与手段应该是内在一致的。

而且，我们的道德实践已充分表明，道德选择中手段的正确选择对于道德冲突的解决具有重要的意义。因为在道德冲突中有一个前提是确定的，是没有冲突的，这就是道德主体必然要选择一种合乎道德的目的。冲突在于如何选择手段才能合乎这样一个道德的目的。所以，道德冲突从这个意义上又可以被归结为手段的冲突。因此，要解决这个冲突，手段的正确选择就成为关键。从人类大量的道德实践来看，我们认为在手段的选择中必须坚持如下两个基本原则：一是如何选择有效的手段，二是如何使手段具有道德上善的价值。我们也许可以说，手段的有效性是道德自主选择成为现实的关键，但显然有时这种有效的手段不一定是道德的。这样，手段选择中的有效性和道德上的善又不可避免地发生冲突，因而手段与目的也就必然发生冲突。这种冲突在那种不可能用善的手段有效地战胜恶，而只能以"其人之道还治其人之身"的情况下表现得尤为尖锐。这时，为了解决这一矛盾的冲突就必须讨论"最大的善的目的"和"最小的恶的手段"的关系问题。这亦即为了"最大的善的目的"，手段上对恶的某种妥协、对善的某种牺牲是允许的，也将被认为是道德的。

所以，妥协性道德手段的选择在道德行为实践过程中是允许的。但这种选择又必须是"迫不得已的手段"，而且，同样重要的是，这种手段往往是只带来最小恶果，否则，任何对恶的妥协又都是不道德的。

正因为如此，在对道德手段的选择中可以得出一个总结性的结论：一个手段，如果它是为了达到某个道德目的所必需的，而且本身又是道德的，那么手段就是合理的；如果手段迫不得已要带有某种不道德的性质，那么只要它与更高的目的和最高目的并不矛盾且不改变目的的道德性，那么这种手段也被认为是合理的。我们正是在这样的矛盾冲突的积极而果敢的选择中，才得以真正实现道德行为的自由选择。

二、实践启迪：企业经营活动中的伦理抉择

企业经营所体现出来的道德行为，往往会呈现出异常复杂的情形。依据对道德行为之善恶发生机制的考察，从中可以得出一些最基本的实践理性原则。正是这些实践理性原则保证了企业伦理规范被有效地奉行，从而使企业的经营活动不至于陷入混乱无度的境地。

（一）珍惜荣誉的行为原则

对荣誉的向往和追求是道德行为发生的重要心理机制，在企业伦理文化的建构中要特别重视和珍惜荣誉。也就是说，必须在企业经营活动中确立起一种珍惜荣誉的行为原则。这一珍惜荣誉的行为原则包括两方面内容：一是经营者对企业整体荣誉的维护和珍惜；二是经营者对个人荣誉的关心和珍惜。

在许多情形下，对企业整体荣誉的珍惜往往具体表现为对企业信誉的珍惜，这种珍惜在具体的企业经营活动中首先表现为要做到知耻知错。在这方面全球著名的阿迪达斯公司堪称一例典范。

世界最大的体育用品商之一——阿迪达斯公司，在树立企业形象的过程中，非常重视企业的信誉。该公司每开发一种新产品，总是邀请世界体育明星、教练员、医生和生物力学专家献计献策，征求他们对新产品的意见，对那些直言不讳或提供了有参考价值意见的人给予重奖。产品最后定型和成批投产前，工厂的老板还要亲自带着试制的新产品去运动场，征求运动员的意见。

1970 年，在墨西哥世界杯足球赛上，德国名将乌伟·赛勒尔跟腱受伤，阿迪达斯公司立即为他特制了一双球鞋，使他很快重返赛场。在西班牙世界杯足球赛上，苏联中锋奥列格·布洛辛抱怨脚上的阿迪达斯鞋穿着不舒适，在场的阿迪达斯公司的代表当即描下脚样，立即飞回阿迪达斯公司的总部，连夜为这位足球明星赶制了一双合脚的球鞋。

尽管阿迪达斯坚持质量第一，重视保持荣誉，但仍难免因生产失误而造成产品的缺陷。对这些，阿迪达斯公司从不掩饰，也从不敷衍搪塞，而是老老实实地承认不足，以实际行动重新赢得信誉。譬如，在第 14 届奥运会的马拉松决赛中，比利时选手阿尔贝·斯巴克一路遥遥领先，不料跑到半程时，

他脚上穿的阿迪达斯跑鞋破裂了，而且裂缝在不断扩大，眼看着到手的金牌落入他人之手。

这一丑闻像长了翅膀，很快传遍全世界，使阿迪达斯公司一时信誉扫地。面对这一打击，阿迪达斯公司决定不惜血本挽回影响。于是，他们对流落世界各地的跑鞋，一律按原价收回，并向有关商人赔偿由此带来的一切经济损失。与此同时，该公司狠抓了产品的质量，很快又在公众中重新确立了信誉。1976 年，在加拿大蒙特利尔奥运会上，每 100 名跑、跳运动员中就有 83 名穿阿迪达斯生产的运动鞋。在 1982 年世界杯足球赛进入半决赛的 4 个队中，有 3 个队穿的都是阿迪达斯的产品。在决赛中，场上四分之三的人员（包括裁判员和巡边员）都穿着阿迪达斯运动鞋。现在，阿迪达斯的影响已不止在运动场上，连举世闻名的乐队指挥家卡拉扬登台指挥时，穿的也是阿迪达斯公司的产品。由于该公司重视信誉，所以它赢得了越来越多的客户。

在追求个人荣誉方面，中国古代的儒商堪称楷模。下面一则关于一位绸缎商人的记载可谓形象地诠释了儒商的这一德性。

清代北京有个经营绸缎布匹的王掌柜，人称"缎子王"。"缎子王"经营生产的指导思想是重信誉、行仁义、施公道。他总是对自己的伙计强调买卖不成仁义在。他的经商哲学信条是个人和商号的名誉高于一切。久而久之，"缎子王"不断赢得了顾客的赞誉。一次，乾隆皇帝召见外国驻华使臣，请他们谈谈在华观感，他们说，在中国不仅看到士大夫们读书识礼，就连商人也很讲礼貌，行仁义。在东华门外有个绸缎铺的王掌柜就是这样的人。我们外国人到他那儿买东西，对绸缎布匹的行情不熟悉，经常给的钱多于实物价格，但他从不多收钱，总是把多付的钱如数退回来。一次我们买东西忘了带钱，他居然肯赊给我们，当时正是中午，他又热情款待我们用午饭，使人确有宾至如归之感。中国确确实实是礼仪之邦。

乾隆皇帝听后非常高兴，后来专门召"缎子王"进宫，称赞他仁义经商，并给予嘉奖，从此，"缎子王"名声更是传遍北京城。

（二）崇尚职业良知的行为原则

在企业经营活动中，相对于企业伦理所涉及的诸多社会关系，我们可以把企业生产经营者的职业良知划分为对待环境的职业良知，对待社会（社区）的职业良知，对待供应商的职业良知，对待顾客的职业良知，对待企业内员工的职业良知等。这些职业良知不仅是元伦理学良心范畴在企业经营活动中的具体化，而且也是企业经营者保证其经营活动合乎道德的重要道德心理机制。因此，强调职业良知的形成是非常必要和重要的。

职业良知的重要性不仅体现在道德获益方面，而且它在一定程度上也能导致企业经营活动本身产生更多的经济效益。一个简单而基本的事实是，不讲职业良知的行为从长远看必然是有害的。这个有害性可以从以下两方面的情形中得到证实。

其一，别的企业不讲职业良知而导致的危害性。譬如，用户拖欠货款直至赖账；供应商不按合同规定的数量、质量、价格、交货期供货；竞争者挖墙脚、窃取商业秘密，以及做虚假广告以抬高自己贬低对方等。显然，任何一个诸如此类的问题的出现都将严重妨碍相关企业的正常经营。在我国经济生活中，三角债、合同违约、不正当竞争等现象已使许多正当经营的企业深受其害。

其二，企业自身不讲职业良知而导致的危害性。有人可能会想，让人家讲职业良知，我不讲，不就可以大赚其钱了吗？毋庸讳言，近年来，一些企业和个人钻法律的空子，置企业伦理于不顾，唯钱是逐，谋取了不少不义之财。但是，这种行为注定是一种短期的、自杀性的行为。因为"爱人者人必从而爱之，害人者人必从而害之"（墨子语），企业的不道德行为迟早会招致利益相关者不同程度、不同形式的报复：譬如，消费者不愿再购买该企业的产品或服务，供应商不愿再与该企业打交道，竞争者以其人之道还治其人之身，员工则必然会离心离德、人心涣散等，而政府则可能因该企业对环境污染严重、资源匮乏，社区的基础设施薄弱，员工工作、生活环境差等而限制企业的利益获得。与此同时，这种企业还会受到舆论的谴责或行政处罚甚至法律制裁，所有这些都将直接或间接地危及企业的利益。

一个企业要长期生存发展，绝非靠赚一两笔钱就能做到的。这也就是为什么企业生产经营要讲究职业良知的一个经济学方面的解释。

关于良心的这种作用，美国作家詹·艾波特曾写过一篇叫作"失落的天良"的寓言，内容如下：

有一天，一家企业的副总裁开除了一个职员，这个职员愤愤然地对他说："我希望有一天能再找到你的良心。"说完他就拂袖而去。这时这位副总裁问自己："他怎么说出这么奇怪的话来？可是好像也有点道理，说起来我也有好一段时间没看见我的良心了。"这位副总裁有个习惯，丢掉东西的时候总是先去公司的失物部询问。于是，他打一个电话过去，问："你们有没有见到我的良心？"失物部的秘书对他说："我们不处理失落的良心。我建议你去找公司的保全部经理。他是失落的良心的保全专家。"副总裁跟保全部经理联络上以后，保全部经理马上对他说："这个问题很严重。请你马上来我这里一趟，我们赶紧谈谈。"

　　当他赶到保全部经理那里的时候，保全部经理立即问他："你记不记得上一次用到天良是什么时候？"副总裁说："不记得了，问题就在这里。"经过一段时间讨论以后，副总裁突然跳起来说："我想起来了，有可能我把它忘在总裁的办公室里了。""哈，我就知道，"保全部经理说，"以前也有过好几次。我是找回失落良心的专家，已经不止一次在总裁的办公室里找到它。我看我们最好现在就去他那里，问问他有没有看见你的良心。"

　　他们到总裁的办公室后，保全部经理就对总裁说："我们有个小麻烦，副总裁把他的良心给搞丢了，请问你看见了没有？"总裁冲口而出："我要良心干什么？生意上完全没有用的东西。良心阻碍清楚的思考，会把人搞软下来。我们这里需要的是强人型的经理人员。良心不能适应竞争。我自己用了好大的功夫才把我的良心给扔掉。"他对着副总裁说，"老实说，我还不知道你以前有良心。我要是你的话，才不会担心找不到它。没有它，你的成绩很好啊——正是我要的那种经理人员。"

　　"顺便一提，"总裁对副总裁说，"给上级公司来的人做的简报准备得怎么样了？记得把数字弄得好看点，好不好？我们可不想让他们扫兴，对不对？"

　　他们离开时，保全部经理转过头来问副总裁："请问你是不是还要找丢掉了的良心？我刚才得到的印象是我们这里良心好像不怎么值钱。"

　　"还要，事实上比以前更想要找到，"副总裁说，"你还有没有什么新主意？"

　　"要找到丢掉的东西，"保全部经理说，"你得先断定上一次最后用它是什么时候。我看这样好了，我去发一份全公司流通的备忘录，询问是不是有任何人能记得上一次看见你用你的良心。"

　　"喂，我可不想任何人知道我没有良心。"

　　"为什么？"保全部经理问，"总裁甚至不知道你曾经有过良心。"

　　于是，保全部经理发了一份备忘录。在同一天，没有收到任何的回应，副总裁很失望。到了第二天，终于有一位员工出面，说他看到过副总裁的良心。"去年你在停车场撞到我的车子，我不在场，但是你用了不少工夫找到我。如果你不自己主动来找我的话，我永远也没有办法知道是谁闯的祸。"这位员工走了以后，保全部经理说："好极了，诚实是良心回收行动很好的起步点。"

　　于是，以诚实为起点，副总裁终于找回了他的良心。他在向保全部经理致谢的时候说："我看总裁不会对我的简报满意。但是现在我既然已经找回我的良心，我没办法再去假造数字了。偏偏这一季的数字又不好，上级公司来的人恐怕会不高兴。"

这的确是一个令人深思的故事，它以非常简单的方式说出了深刻的哲理。正常的道德行为归根到底就是良心——也就是我们存放自己的价值、生命目的的地方，其中特别重要的是，这个地方是我们想象自己要变成什么样的人的理想归宿地。没有良心，我们就会无所适从。因此，在任何一个企业组织里，良心应该是代表经营管理者对企业的希望、想象和目的。

对待企业内部员工，必要的职业良知同样是重要的，因为这是激活企业的一个重要道德心理保障。在我们看来，如果说对待顾客的职业良知的核心范畴是诚信不欺的话，那么公正地对待企业内部每一位员工则是处理员工关系时职业良知的最重要原则。

美国企业伦理学家戴维·J. 弗里切曾这样论述过公正原则：公正通常与权利、公平和平等相联系，公正的行为尊重一个人的权利，公正地对待这个人。公正原则可分为三类：分配公正、惩罚公正、补偿公正。

1. 分配公正

社会有许多必须分配给其成员的利益和责任。利益包括收入、工作、财富、教育和休闲。责任包括工作、纳税、社会义务和公民义务。对利益和责任的特殊分配产生了分配公正的问题。进行分配的方式包括：平均分配、按需分配、按劳分配、按功劳分配、按对社会的贡献分配。

虽然对这些分配方式存在激烈的争论，大多数人还是同意同等的人应同等对待，不同等的人应依其差别程度区别地对待。这种不平等必须是以各种群体的相对判别为基础的。这一概念一般称为正式公正原则。

2. 惩罚公正

惩罚公正涉及对错误行为的惩罚和处罚。这里的问题是何时惩罚是公正的以及惩罚的性质。亚里士多德认为，一个人对其行为应负责任，除非他的行为是受强迫的或者他不知道行为会产生不利后果。一个人如由于个人能力不足或由于强大的外在力量而不能停止错误行为，不应让他对行为负责。如果一个人不能知道某一行为是错误的，这种无知则是一种为他开脱的合理理由。

要使惩罚是公正的，就必须确认某人是否做了错事，通过一套相应的程序可以保证做到这点。公正的惩罚必须与罪行相适应。惩罚的严厉程度应与罪行的大小成比例。而且，要做到公正，惩罚对待不同犯错者应该是一致的。

3. 补偿公正

补偿公正涉及的是对错误行为的受害方的补偿。大多数人都会同意受害方应被复原到伤害发生之前的状态，包括纠正伤害所需的医疗服务及物品。

补偿应与受害方的损失相当，但也不应超出其损失。

当然，当不可能提供完全补偿时，问题就出现了。失去的生命就不能复原，专有信息一旦被提供给竞争对手也就无法复原了。这种情况下能期望的最佳结果就是犯错者赔偿可以公平估计的损失。

若对企业经营者对待员工的职业良知提出更高的要求，那么它还意味着对员工的关爱之心。我们总是可以发现，世界上成功的公司都非常关心员工，如关心员工的日常生活与闲暇活动，关心员工的经济利益，使员工分享企业的股息和利润。由于公司对员工的关爱之情，员工感到生活、工作具有稳定性，感觉到公司的温暖，进而从根本上增强了公司的凝聚力、向心力。

（三）认同并承担义务的行为原则

如果说职业荣誉与职业良知还只是行动的道德心理机制，那么义务的承担则开始把这一道德心理倾向付诸实施。作为职业荣誉与职业良知的实在化，义务的认同和自觉承担在企业伦理文化的建构中同样是非常重要的。这是企业经营过程中道德行为得以真正实施的直接内驱力。

有学者曾这样探讨过义务感在社会主义企业伦理文化建设中的作用问题：企业员工自觉认识和履行道德义务，在调节与他人、集体、社会的关系中具有重要作用。

首先，企业道德义务感的增强，能促使职工把提高自身素质、讲究经济效益视为义不容辞的责任，从而使职工在岗位上从过去的守业型转变为创业型，进而在工作岗位上表现为更努力地学习和更新自己的专业技术知识，主动干好工作。这种道德义务感的加强，必然使广大企业职工把深化企业改革视为己任，积极参与改革，努力探索新路子，发挥职工主人翁的精神。尽管改革本身会给企业职工旧的工作秩序和习惯带来冲击，职工对改革的新秩序也会有一个适应过程，但是有道德义务感的职工绝不会因此阻挡改革，而是努力使自己适应新秩序，积极参与改革。

其次，企业道德义务在职工道德行为的选择中，能起命令的作用。义务这种道德观念，将同企业职工的职业道德感情、信念、意志等联系在一起，特别是同企业职工的职业良心结合在一起，发挥自我命令的重要作用。职工在企业活动中尽义务是发自内心的要求，不尽义务，他就会受到良心的责备；尽了某种义务，就会感到内心的满足。从这个意义上讲，义务就是一种发自内心的道德命令。职工为了维护企业的声誉和保持自己职业活动的道德性，必然会自觉地对自己的行为承担道德责任。

需要特别指出的是，在企业认同和承担道德义务的问题上，合理利用资源、保护环境的义务正日益凸现其现实的紧迫性。作为全球问题的一个突出方面，自然资源的破坏和人类居住环境的日益恶化已是一个令整个世界为之忧心忡忡的问题。企业在这方面的道德义务变得具有特别的重要性和紧迫性，绿色产品生产正是企业为回应这一全球问题而提出的新的经营观念，这一经营观念的出现显然有对资源、对环境的道德义务感贯穿其中。

据有关专家介绍，绿色产品作为一种在生产、使用、处置过程中符合节约资源、环境保护和对人体健康无害的产品，在我国目前主要反映在绿色食品中。绿色食品要求原料作物的生长过程及水质农药条件需符合无公害标准，如要求蜂蜜、茶叶、蔬菜、水果、粮食等不能含农药残留物、重金属、抗生素等。我国于1990年5月召开了"绿色食品"工作会议，1993年初，成立了"中国绿色食品发展中心"和"中国绿色食品总公司"，负责推行和管理绿色食品标志，制定了《绿色食品标志管理办法》及申办使用绿色标志的审核程序，已建立绿色食品生产企业200多个。

但是在发达国家，绿色产品设计的触角已延伸到许多领域。

（1）绿色计算机。据美国有关方面调查，计算机系统的用电要占到商业用电的5%，预计在不久的将来会增加到10%，因此，计算机业若做到节能，其效益将是非常可观的，而能源的节约同时便意味着对环境的保护，在这种情况下，绿色计算机便应运而生了。

20世纪90年代初期，美国环保署便推出了一项能源之星计划，其目的主要是希望微机在待机状态时，其耗电量低于60瓦，其中主机和监视器各低于30瓦，凡是符合此项要求的PC，均可在外壳贴上"能源之星"（Energy Star）的标志。国际商业机器公司（International Business Machines Corporation，IBM）率先推出了"绿色计算机"。与普通计算机相比，绿色计算机的优点是：①耗电只及一般个人计算机的25%；②在阳光充足的地区，能利用特别设计的高效太阳能电池供电；③机身以再生塑料制成，待计算机废弃不用后仍可再生制作其他物品。

（2）绿色汽车。汽车制造业的绿色设计已成为汽车商们的新追求。日本汽车制造业正在减慢新产品的开发速度，精简产品种类，拉长产品周期，用节省下来的钱研制对环境污染小的"绿色汽车"，提高废旧汽车回收率也是绿色汽车设计的一个重要方面。美国是世界上最有效的汽车回收国，约占汽车质量75%的零部件都能得到回收利用。

（3）绿色气球。据统计，全世界每年在庆典上要放飞至少5亿个气球。由于它们大多以不易分解的橡胶或尼龙制成，升入高空自行爆炸后，落到地面的"残骸"即成为永久垃圾，长时间污染地球环境。日本一家气球厂，利用类似制造感冒胶囊的一种极易分解的原料，试制了一种别具一格的"绿色气球"，当其"残骸"落至地表时，不出一周就会分解，对地球环境不造成污染。

（4）绿色相机。柯达公司在 1993 年销售了 3 000 台绿色相机，在这些相机中，按质量计的回收率已达 87%。该公司目前卖得最好和最盈利的相机，就是一种绿色相机，该款式相机的机芯和电子部件的回收循环使用次数多达 10 次。

（5）绿色电池。绿色电池——镍氢电池，由于不含镉、铅、汞等有毒元素，因此在生产、使用和废弃的全过程中，不像普通电池那样会对环境构成污染。

（6）绿色体育馆。澳大利亚悉尼市为迎接 2000 年奥运会，特意设计了世界第一家绿色体育馆。该体育馆不是由火力发电厂供电，而是由 1 000 组设在馆顶上的太阳能电池供电，由此就避免了火力发电过程中大气遭到的污染。这家体育馆的原料 90% 来自废木料、废金属、废塑料等垃圾，宝贵的木材得以节约，由此至少使 10 公顷的森林免遭砍伐。而体育馆张贴或使用的所有海报、入场券、说明书和资料全都以再生纸印刷，用过后还可回炉重新造纸。无疑，这又意味着节约了木材等自然资源。

（7）绿色照明计划。美国环保署为减少温室气体排放和空气污染，节约能源，于 1991 年实施了绿色照明计划（Green Lights Program），即用高效节能灯具对室内照明系统进行改造。若全美国能实现此项计划，则全国可减少 10% 以上的用电量，用电容量达 6 500 万千瓦，节省电费 160 亿美元，每年可减少 2.02 亿吨二氧化碳（相当于 4 400 万辆机动车的废气排放量）、130 吨二氧化硫和 60 万吨氧化氮的排放量。

正如义务与权利总是形影相随一样，现代企业在对资源环境承担道德义务的同时，也为自身的发展赢得先机。譬如，绿色产品的生产就孕育着极大的商机。目前一些目光远大的厂商已纷纷将注意力从传统的消费市场投向新兴的环保市场。这些环保市场大致可分为四类：一是净化水质和空气设备市场；二是农业生物化学市场，专家认为，在不久的将来，发达国家商用农作物所用除草剂和杀虫剂均将生物化，即以无污染的生物类产品取代现在的化学制品；三是低污染能源市场，太阳能的广泛应用和无污染燃料在应用上将有突破；四是对传统污染工业的改造和替代设备市场。

企业为什么要为国家、公众利益承担道德义务，对此，可以从"企业经营的最终目的是什么"来思考。企业是为特定的社会需要服务并经公众同意而存在的。只有当社会公众满意企业提供的服务，它才能生存下去，进而发展起来。从这个意义上来考察企业的经营思想，首要的就不应该是赢利，而是"服务于社会，促进社会进步"，而利润只是对社会贡献的一种报酬。

在对待员工的道德义务方面，工商企业的经营决策者同样必须自觉认同和承担。值得一提的是，有材料表明在企业经营者对企业员工道德义务的认同和承担方面，与发达国家相比，发展中国家的企业似乎存在的问题更多。这就更要求发展中国家在企业伦理道德规范建构中对这方面的问题给予特别的关注。

（四）冲突中择善从之的行为原则

在企业自由自主行为的过程中，道德冲突的情形是经常发生的。正如我们在前面已讨论过的那样，道德冲突恰恰是自由选择的一种真实情形，在这一情形中，我们如何选择正体现着行为主体道德觉悟的高低与人格境界的崇高与卑劣。因此，在企业经营活动中，我们强调以善为最基本的选择依据，勇于进行道德抉择。

如果对冲突以及如何抉择的情形做理论上的归类，那么大致有两类冲突是我们在企业生产经营活动中经常遇到的：一是善与恶的冲突；二是大善与小善的冲突。

面对善与恶的冲突，在企业伦理实践中应该是不难抉择的。我们只要遵循义利统一之道，反对唯利是图，便可以做出合乎善的决策。在我们看来，企业伦理学中曾被广泛讨论的市场营销和伦理营销问题也许在相当程度上涉及善与不善的抉择问题：从传统的市场营销观点来看，它以顾客的需求为导向，谋求产品价值通过市场的销售而得以实现。但问题的复杂性在于顾客的需求有许多是不善的。这就正如一些学者指出的那样，有许多事例证明了顾客需求的不合理性，下面列出了几项。

（1）国际上存在着实力强大的贩毒集团，他们在满足着顾客——吸毒者的需要。

（2）美国烟草公司为了吸引更多的人吸烟，增加了香烟中尼古丁的含量，这受到一些瘾君子的欢迎。

（3）汉堡包行业提供的快餐，味道虽好但没有多大营养，汉堡包内含脂肪过多；饭店推销的油炸食品和馅饼都含有许多淀粉及脂肪。这些产品在满足顾客需要时，可能损害消费者的健康。

（4）美国的汽车工业在制造传统上一向迎合美国人对大型汽车的需要，但迎合这种愿望的结果是，比小型汽车消耗更多的燃料，排放更多的废气，引起更多的致命车祸和更多更高的汽车购置与修理费用。

（5）在美国，软包装饮料行业为了迎合人们图方便的需求，增加了一次性饮用瓶子的份额。但是，过去用的瓶子通过回收在损坏前可以重复使用 17 次，因此一个那样的瓶子相当于 17 个一次性瓶子。这势必造成一次性瓶子导致的巨大的资源浪费。此外，许多一次性瓶子因不能自然分解而污染环境。

（6）我国在房地产开发中，为满足一些高收入者的需求而建的高级公寓别墅占很大比重，但同时，我国还有 400 多万户住房困难户，人均 8 平方米居住面积的小康目标也尚未达到。

（7）在我国，近一两年内由于纸张需求旺盛，一批小型造纸厂纷纷上马，但由于缺乏污水处理设施，导致周围河流严重污染。

对上述现象中所包含的需求应该去满足吗？答案显然是否定的。

由此可见，企业在生产经营过程中对顾客需求不分良莠、不分是否合理，一概予以满足，这实际上于顾客不利，于社会不利，于企业自身发展也不利，而这正是市场营销观念的局限所在。

因此，我们必须强调伦理营销。根据合理与否，可以把顾客需求归纳为如下四类：一是不合法的需求，如对毒品、私人枪支的需求；二是对顾客本身是有利的，但对他人和社会是有害的需求，如一些一次性消费品导致资源浪费、环境污染；三是对他人和社会无害，但对顾客有潜在的不利影响的需求，如高脂肪食品；四是对顾客有利，且不损害他人及社会的利益，或者对他人及社会也是有利的需求。显而易见，我们对这些需求不能一概而论，应区别对待。这就引出了伦理营销的概念。伦理营销的实质是在营销过程中不仅要处理好企业与顾客的关系，还应正确处理好企业与顾客、与他人、与社会的利益关系。企业在这个过程中必须以善为唯一的目的，决不可唯利是图。这也是伦理营销的一个最根本的结论。

在企业进行道德抉择的过程中还有一类情形则显得比较复杂，因为这是一种善与另一种善的冲突。显然，对这个冲突进行抉择的依据只能是遵循最大的善的原则。当然，什么是最大的善的理解在实践中肯定是有异议的，因而这种冲突的真正抉择通常需要相当的道德认知能力和果敢的意志品性作为保障。

在道德冲突中奉行择善从之的基本行为原则在企业活动中有时是明晰的，但有时却由于具体情形的复杂性而显示了其不确定性。但无论是何种情形，有一点是可以肯定的，那就是必须果敢地进行抉择，因为没有果敢的抉择便没有道德行为实践的出现。

第四章　儒家生态观与企业生态环境管理伦理

企业与自然环境的关系是紧密联系的，它从环境中汲取能量、资源，通过有目的的生产、分配和消费等环节，再输入环境中。企业在环境问题中扮演了主要的角色：一方面利用先进技术，利用自然资源，获取高额利润；另一方面又造成社会公害泛滥，空气、水质污染严重，公众的健康、安全受到威胁，给社会环境带来巨大损害。企业作为主要的自然资源的消耗者和自然环境的污染者，对资源的合理利用和对环境的合理保护有着不可推卸的责任。因此，企业为了社会的和谐发展和谋求自身长期稳定的生存与发展，必须树立经营的生态伦理观念，承担环境责任，提高环境保护意识，加强环境管理，有效利用资源，积极保护环境。环境问题产生的根源是现代工业化片面地强调工具理性和"天人相分"，忽视了现代科技与自然、社会与人的协调发展。而我国的儒家学说源远流长，博大精深，其中有关人与自然关系的生态伦理思想就是一个很重要的方面。为此，深入挖掘并吸取儒家生态伦理思想，对企业生态环境管理伦理的建设，对企业和社会的和谐与可持续发展具有十分重要的现实意义。

第一节　儒家生态环境管理观念

有关人与环境之间关系问题是中国传统哲学的基本问题，其中儒家的思想具有很强的代表性，如"亦欲以究天人之际，通古今之变，成一家之言"。对于儒家生态环境观，著名学者季羡林认为，这个代表中国古代哲学主要基调的思想，是一个非常伟大的、含义异常深远的思想。法国学者阿尔贝特·施韦泽在其著作《敬畏生命》一书中也盛赞它以"奇迹般深刻的直觉思维"，体现了人类最高的生态智慧，是"最丰富和无所不包的哲学"。儒家生态管理观念主要有以下几个方面的要点。

一、"天人合一"的思想

儒家认为，人是大自然的一部分，是自然环境中的一部分，而自然本身也是一个生命体，所有的存在相互依赖而成为一个系统整体。儒家把人类社会放在整个大生态环境中，强调人与自然环境是息息相通的，这就是"天人合一"生态伦理思想。孔子虽然没有明确提出"天人合一"的观点，但他的思想中却包含了这一命题，如"君子有三畏：畏天命、畏大人、畏圣人之言。小人不知天命而不畏也，狎大人，侮圣人之言"（《论语·季氏》），"大哉！尧之为君也。巍巍乎，唯天为大，唯尧则之"（《论语·泰伯》）。这些语句都体现了儒家的生态伦理意识，肯定了天之可"则"，强调人们只有遵循自然规律办事，才能使自身有一个良好的生存环境，违背天命就会受到自然的报复，从而招致自身的毁灭，即人与自然具有统一性。后世儒家思想家基于这种视角进一步发展了"天人合一"思想。《中庸》记载到："万物并齐而不相害，道并齐而不相悖。"孟子云："夫君子所过者化，所存者神，上下与天地同流。"《礼记·郊特牲》也有记载："阴阳合而万物得。"这些论述都把人与自然的发展变化视为相互联系、和谐平衡的运动。所以，儒家生态伦理观念把天、地、人三者放在一个大系统中做整体的把握，强调天地人"三才"的协调、和谐，即人与自然的协调、和谐。

儒家主张"天人合一"而不是"天人不分"。儒家认为"天"是具有独立不倚的运行规律的自然界。孔子说："天何言哉？四时行焉，百物生焉，天何言哉！"（《论语·阳货》）这个天就是生生不息的自然之天。自然界自有其自身运行的规律，不受人类主观意志的支配，正如荀子所说的"天行有常，不为尧存，不为桀亡"（《荀子·天论》）。因此，人类在为了自身的生存而对自然进行改造和利用的过程中，必须把这种改造和利用限定在对自然规律的认识与遵循上，即"制天命"须以"应天时"为前提。否则，就会破坏和危及人类的生存基础。

近代以来，随着经济的快速发展、物质技术的不断提高，"人类中心主义"也随之逐步膨胀起来，人类把自己看作自然的所有者，对自然资源随意开发，对自然环境随意处置，对自然进行了大大超出其承受范围的大规模

"征伐"，这给生态环境造成了严重的损害，但事实上这对人类自身的生存发展造成巨大伤害。面对严酷的现实，人类必须彻底反省以往的思维、行为方式，重新认识人类自身，修正人与自然之间的关系。儒家主张"天人合一"、共生共荣、二者和谐统一，既反对"人类中心主义"，又反对"自然中心主义"。人与自然的关系不是相互对抗，而应该是相互依存。"致中和，天地位焉，万物育焉"（《中庸》），人与自然必须改善相互对立的关系，按照"中和"的思想处理相互之间的关系，既保证人类的生存与发展，又要保证自然环境的平衡与生机。

二、"仁"的思想

"智者乐水，仁者乐山"（《论语·雍也》），表示世间的山山水水与人类的喜好息息相关。因此，人类的道德情感就不仅需要"爱人"，还应该"爱物"。在儒家看来，"天地之大德曰生"（《周易·系辞上》）、"上天有好生之德"，万物与人都是天地自然化育的结果，所有生命来自共通的源头，万物皆生于同一根本。人与自然的其他生物各有价值，人类应该效仿天地的好生之德，以与一切生命同乐的大同情怀来爱护万物而尊重生命。这样儒家就把"仁"的学说由人际道德范畴扩展到世间所有生物和整个自然界，由"仁民"而"爱物"，"仁"的思想构成其生态伦理观的基础。

孟子继承和发展了这一思想。孟子认为爱己爱人是不够的，强调敬爱亲友而泛爱他人，由泛爱他人而仁爱万物。他提出："君子之于物也，爱之而弗仁；于民也，仁之而弗亲。亲亲而仁民，仁民而爱物"（《孟子·尽心上》）。这些论述表明，孟子已经认识到，只有重物、节物才能使万物按其规律生生不息，人类才能更有效、更持久地获取生活资源。汉代经学家董仲舒又直接将爱护鸟兽昆虫等生物当作"仁"的基本内容。他说："质于爱民，以下至于鸟兽昆虫莫不爱，不爱，奚足以为仁？"（《春秋繁露·仁义法》）其含义不仅包括了人际道德，还包含了生态道德，强调"仁"不仅要爱护人类自身，还要爱护鸟兽、昆虫等自然万物。

近代社会，人类为了自身的发展，肆意地开发自然环境资源，导致众多的自然物种处于濒危状态，严重破坏了生态环境平衡，也动摇了人类赖以生存的环境基础。因此，人类需要注重对环境的保护。利用儒家"仁爱观"保护生态环境，引导世人尊重自然、尊重生命，对于建设环境友好型社会，促进人口、资源、环境与经济发展相协调，是不可多得的思想价值支持资源。

三、"节约"的思想

虽然儒家提出了"天人合一",既要爱人又要爱物的思想,但是儒家在利用生物和非生物来满足自己的生存需要的时候,并没有陷于原则和现实冲突的境地,而是能够比较合乎情理地处理好吃饭、吃肉、杀生、放生等环境道德问题。其中一个重要的思想就是要节约资源、遵循自然规律。儒家认为,"天地之道,可一言而尽也,其为物不贰,则其生物不测。"正是从这个意义上,儒家主张人应节制欲望,以便合理地开发利用自然资源,使自然资源的生产和消费进入良性循环状态。儒家自孔子起就坚决反对滥用资源,明确提出"节用而爱人,使民以时"(《论语·学而》)、"钓而不纲,弋不射宿"(《论语·述而》),目的是反对滥用资源,通过重物节物,维系人类持续发展。《正蒙·至当》中记载:"大人者,有容物,无去物,有爱物,无殉物,天之道然。天以直养万物,代天而理物者,曲成而不害其直,斯尽道矣。"《礼记·祭义》中记载,曾子曰:"树木以时伐焉,禽兽以时杀焉。"夫子曰:"断一树,杀一兽不以其时,非孝也。"《大戴礼记·卫将军文子》记载,孔子说:"开蛰不杀当天道也,方长不折则恕也,恕当仁也。"《荀子·天论》中记载:"万物各得其和以生,各得其养以成""草木荣华滋硕之时,则斧斤不入山林,不夭其生,不绝其长也"。这些都反映出儒家对于时令的强调,要对动植物惜生,不随意杀生,要知晓"时禁"。即儒家强调人类在利用万物时,要遵从万物生长发育的天理,对万物加以合理地、爱护性地、节约地利用。

四、"监管保护"的思想

儒家的经典著作《尚书》《周记》《礼记》《荀子》等古籍文献中都强调了生态资源的立法监管保护,禁止人们随意砍伐树木、捕捉鱼鳖,目的是使生物有所养,以免匮乏。《尚书·周书·大聚篇》曰:"春三月,山林不登斧,以成草木之长。夏三月,川泽不入网罟,以成鱼鳖之长。"《礼记·月令》记载:"禁止伐木,毋覆巢,毋杀孩虫、胎、夭、飞鸟,毋麛、毋卵,毋聚大众,毋置城郭,掩骼埋胔。"这些反映了儒家重视保护自然资源与环境,为了维持人类最基本的需要必须制定相关礼制、法规、禁令来进行监管,保护生态资源。《礼记·王制》记载:"五谷不时,果实未孰,不粥于市。木不中伐,不粥于市。禽蟹鱼鳖不中杀,不粥于市。"《孟子·梁惠王上》亦说:"不违农时,谷不可胜食也。数罟不入污池,鱼鳖不可胜食也。斧斤以时入山林,材木不可胜用也。"这是儒家学者从生态角度提出的商贸方面的法律保障,在实践上保护了动物的生长、发育。这些思想被荀子概括为"圣王之制",《荀子·王制》中记载有"修火宪,养山林";《周礼·地官·司徒》记载有宅院内不种植桑麻的,宅地要交税;不植树的,死后丧葬不得用棺椁的规定,以此促使老百姓种植树木。朱熹对保护生态环境,不是只说不做。他在湖南任职期间,曾发布绿化南岳的榜文:"不得似前更行斫伐开垦,向后逐年深冬,即令寺观各随界分,多取小木,连木栽培,以时浇灌,务令青活,庶几数年之后,山势崇深。"可见,儒家爱护自然和保护环境的和合生态思想,不仅是一种道德要求,而且成为"圣王之制"和"王者之法",从制度上加以监管、规范,用以保护自然环境。

第二节　企业环境管理伦理与责任

纵观历史发展的长河,在农业社会发展过程中,人类对自然环境还处于被动和适应的角色,当人类社会进入工业文明社会后,人类却一改以前屈从于环境的心态,把征服自然、改造自然作为自己的神圣使命,特别是西方发达国家在创造工业文明的过程中,付出了破坏自然环境的沉重代价。对此,西方国家尤其是后现代主义者对此已经有了足够的认识。现在发展中国家正在进行的现代化建设,在某种程度上对自然环境的破坏也相当严重。对我国这样一个有着"天人合一"传统思想文化的文明古国,在现代化的诱导下,生态环境遭到了严重破坏。

一、我国生态环境现实状况

近年来,随着我国经济的发展,工业化水平不断提高,同时企业在生产经营过程中不合理的资源开发与利用现象、排污现象、破坏环境的现象也越来越严重。

（一）植被破坏严重

植被破坏具体表现为森林面积锐减和草场退化两方面。据国家林业局（现重组为国家林业和草原局）第六次森林资源清查结果表明,我国森林覆盖率仅相当于世界平均水平的61.52%.居世界第130位;人均森林面积0.132公顷,不到世界平均水平的1/4;人均森林蓄积9.421立方米,不到世界平均水平的 1/6。中国 90% 的草地不同程度地退化，其中中度退化以上草地面积已占半数。全国"三化"（退化、沙化、碱化）草地面积已达 1.35 亿公顷，并且还以每年 200 万公顷的速度增加。植被破坏直接导致的结果就是水土流失、土地荒漠化、风沙严重、气候变得恶劣。

（二）水土流失严重

随着我国工业向河流、土壤排放污染物数量的不断增多，有害物种种类的不断增多致使水土流失严重，质量大为下降。我国的土地资源总量虽居世界第三位，但人均耕地只有 1.59 亩（1 亩 ≈ 0.066 7 公顷），是世界平均水平的 1/3。中国已被联合国列为世界上地区性贫水的 13 个国家之一，人均能用的水资源只有世界平均水平的 1/4，且严重分布不均。《公益时报》报道，据有关统计资料，全国 600 多个城市中有 400 多个城市存在供水不足问题，其中比较严重的缺水城市达 110 个，全国城市缺水总量为 60 亿立方米。

（三）矿产资源消耗严重

矿产资源是最基本的自然资源，是人类生态系统中物质和能量的主要来源之一。随着人类社会生产对矿产资源需求量的迅速增长，矿产资源的危机日益凸显。中华人民共和国成立 60 多年来，我国的国内生产总值（GDP）增长了 10 多倍，但同比，矿产资源消耗也增长了 40 多倍。

（四）环境污染日益严重

首先，我国的大气污染严重。中国对 559 个主要城市进行的监测显示，有 37.6% 的城市大气质量未达到国家标准，悬浮颗粒物、二氧化物、氮氧化物是主要污染物。中国每年因城市大气污染而造成的呼吸系统门诊病例为 35 万人、急诊病例为 680 万人，大气污染造成的环境与健康损失占国内生产总值的 7%。

其次，我国的水体污染严重。环保系统对中国七大水系的 408 个地表水监测断面检测显示，其中 I～III 类水质断面占 46%，IV、V 类占 28%，劣 V 类占 26%，素有三大湖之称的太湖、滇池和巢湖水质均为劣 V 类。按照国家环保标准，I 类和 II 类水可以作为饮用水水源，III 类和 IV 类水只可以用于灌溉，V 类及劣 V 类水质甚至不可以用于灌溉。

再次，我国的噪声污染严重。工业的迅速发展，带来社会的繁荣和文明，也带来了与日俱增的噪声。噪声对人类的健康造成了严重的危害。我国目前的城市人口中有三分之二的人生活在较高的噪声环境下，有近 30% 的人在难以忍受的噪声下生活。近年来出现的生产企业产生的噪声扰民事件举不胜举，严重影响了人们的正常生产和生活。

最后，我国的固体废弃物污染也较为严重。许多大中城市被"废物山"重重包围，长期填埋富集在土壤中的各类固体污染物，严重影响了周围居民的身体健康；大量城市的工业企业搬迁到郊区，使污染由城市向郊区蔓延；大部分废物未得到无害化处置，医疗废物混入生活垃圾，甚至被非法再利用；个别地方非法拆装、加工废旧物资，焚烧、酸洗、土冶炼等造成当地土壤不能耕种、水无法饮用、大气严重污染。

总之，我国环境污染正从局部的点源污染扩至大范围的面源污染；从工业污染扩至农业和生活领域的污染；从城市污染扩至乡镇地区的污染。

二、导致生态环境破坏的主要原因

造成生态环境恶化的因素有很多，但是生态环境的变化与我国工农业的发展、社会经济的发展密不可分。据环保专家分析，造成生态环境破坏的主要来源可能在于以下几个方面。

（一）不合理的资源开发

随着我国经济的发展，各个行业对资源的需求不断增加，不合理开发、过度开发资源的现象严重，这是造成生态环境破坏的主要原因之一。目前华北平原已形成跨冀、京、津、鲁的区域地下水降落漏斗，有近 7 万平方千米面积的地下水位低于海平面。地下水超采还诱发地面沉降、海水入侵等问题。据调查，我国的矿产资源开发方式总体上仍是粗放型的，开发利用水平低下，造成了大量的资源浪费，如在采富矿的时候糟蹋甚至破坏了贫矿；开采主要矿种时浪费或破坏了伴生矿；开采多种金属矿的时候只用了其中的单元素；共（伴）生矿的综合利用率不到 20%，比国外平均水平 40%～50% 低20～30 个百分点。国有大中型煤矿煤炭回采率可达到 70%～80%，甚至更高；而小煤窑的回采率仅 30% 左右，有的仅 20% 左右。我国油田开采损失率约为 1.9%，而美国仅为 0.3%，俄罗斯为 0.6%。

（二）各种机动车尾气、三废的污染

近年来，随着我国经济的发展和人民生活水平的提高，机动车尾气及三废的污染也日益严重，很多地区都出现了酸雨天气，表明我国的大气污染严重。据测算，一辆汽车在行驶中每天平均排放 3 千克一氧化碳，0.2～0.4 千

克碳氢化合物和 0.05～0.15 千克氮氧化合物。据统计，全球每年有 13 万人由于大气污染而死亡、5 000 万～7 000 万人患呼吸系统疾病。发电、焦化工业和生活用煤排放的燃煤废气，是仅次于机动车尾气的第二空气污染源。大气中形成酸雨的硫化物主要是由燃煤废气造成的。

（三）各种工业垃圾与生活垃圾

工业污水及生活污水的排放对水体造成污染，造成经济上的损失甚至危及人的生命。据报道，2007 年 6 月 1 日起，武汉蔡甸街南湖渔场青龙海湖汉的 1400 余亩养殖水域内，突然出现大面积死鱼。至 6 月 4 日，已有 30 万斤（1 斤 =0.5 千克）鱼死亡。起因是上游工业污染和生活污水致鱼缺氧。像钢铁业、化工业、造纸业、纺织业等工业废水是对水体造成污染的最为严重的几个行业。另据统计，人类向海洋倾倒垃圾累计已达 200 亿吨，其中包括有毒性垃圾、传染性垃圾、放射性垃圾、腐蚀性垃圾和易燃性垃圾等。

（四）现代化农业带来的污染

现代化农业可以说是化学农业，大量的化肥、农药被应用到农业生产中，这大大提高了农业的产出，但同时也对周边的自然环境尤其是土地和水体资源造成了严重的污染。近 20 年来，我国已经是世界上使用化肥、农药数量最大的国家，同时我国的地膜用量和地膜覆盖面积已居世界首位，这使得我国农药污染、氮磷污染、"白色污染"等十分严重。目前，东部已有许多地区的农业源污染占污染负荷的比例超过了工业污染。对太湖、杭州湾富营养化的成因分析也表明，造成水体富营养化的污染源主要来自生活污水和农田的氮、磷流失。其中太湖面源污染物对总氮（TN）的贡献率已超过 1/3，对总磷（TP）的贡献率接近 1/3。

（五）石油泄漏

近年来，我国海上石油运量已跃居世界第三位，仅次于美国和日本。据预测，2000—2010 年这一阶段，我国石油需求年增长率由 4.3% 升至 5.4%。如何将海洋溢油造成的浪费和污染减少到最小，已成为我国急需解决的问题。例如，2002 年 11 月 23 日凌晨，渤海湾一艘装载 8 万吨原油的马耳他籍"塔斯曼海"轮船发生撞船事故，大量原油泄漏海面。经过评估，这起泄油事故给我国带来的环境经济损失达 1 亿多元。据测算，1 升石油在海洋中完全氧化，需要消耗 40 万升海水中的溶解氧，大量石油流入海洋，导致海水缺氧和毒化，对海洋生物资源造成毁灭性危害。此外，除了海上漏油事故，各种加油站漏油、发电厂及机修厂漏油也是油污染的主要来源，而且它们直接危害周围居民的健康。

三、企业环境管理的伦理责任

从环境污染现状和主要污染源分析来看，企业作为经济活动的主体，在环境污染问题中需要承担不可推卸的责任。企业的废气、废水、废渣都是环境污染的主要来源，企业的安全事故往往也会造成重大的环境破坏。企业在生产经营过程中，对资源的不合理利用开发，极易破坏生态环境的平衡。不过，目前我国企业的环境管理责任意识尚不强烈，对于环境管理的伦理意识不够明确。如此一来，企业在生产经营过程中存在诸多的环境责任缺失问题，对生态环境而言产生了巨大的危害。具体而言，企业环境责任缺失表现在以下几个方面。

（一）企业领导层环境管理意识淡薄、定位短视

当前我国很多企业发展速度很快，对可再生资源的需求量呈几何级数增长，在这种时候，企业行为的短视性，就很容易导致自然资源的过量开采。因为企业很少会考虑自然资源保护问题，他们只考虑用钱购买这些原材料进行生产就可以了。当然，他们也不会考虑环境污染问题，随意地排放污染废弃物。目前，我国还有众多的企业领导层环境管理意识淡薄，没有认清环境管理的重要性以及对整个社会的作用。在企业的小利益与国家和社会的大利益面前、在短期利益与长远利益、在当前利益与可持续发展利益面前，被眼前的既得利益迷惑，只注重当前企业的利润，而不注重企业的长远利益和社会利益。而且，这样还容易带动整个企业的员工都缺乏生态环境管理意识，不利于环保意识的推广与自然资源的节约保护。

（二）企业环保措施不足

我国还有很多企业尚处在发展积累阶段，无心或者无力处理环境问题，从而进行着破坏性的生产，把环境管理成本推给整个社会承担。企业没有建立起系统的、科学的企业环境保护体系。很多企业内部没有对涉及环境保护、污染控制等有关工作安排专门的人员，没有为环境保护的实施提供必要的资源（如人力资源、技术资源、财力资源等）。如没有对企业的污染物进行科学的检测以及对其排放进行合理的监控；没有建立一套程序，没有确保所有适用的法律法规应用到公司的各种活动中去；没有建立完善的化学品控制处

理程序；没有建立并保持一套应急反应程序，以识别潜在的紧急情况，尽量防止影响环境和他人。

（三）对一些环境管理标准贯彻执行不利

目前我国企业对于环境管理的认识还不够深刻，还有众多的企业尚未认识到环境管理的重要性。我国诸多企业对于一些环境管理标准执行不利，不仅制约了企业的生态环境管理，而且在一定程度上也限制了我国企业参与国际市场竞争的能力。例如，作为环境管理的国际标准——ISO14000，在我国企业中的推广不容乐观。自 ISO14000 标准发布以来，我国只有少数企业通过认证，从已通过认证的企业来看，海尔、科龙、新飞、澳柯玛、美菱等企业经营机制都很灵活，管理模式比较先进，且多有"外向型"特点，对国际标准先知先觉。除上述已通过认证的企业外，还有部分企业正在积极创造条件，争取早日达标。但大多数企业对 ISO14000 系列标准反应冷淡。

（四）工业起点低、生产经营模式粗放

我国工业化起步晚、起点低，为了尽快推动我国工业的发展、缓解我国工业化起步以及工业化推进过程中一直面临的资本短缺的制约，我国采取了以粗放型经营为特征的发展模式来实现企业的高产出、高增长。这种粗放型经营的企业，生产过程对自然资源依赖性非常强，需要自然资源的大量投入。现在我国许多城市都出现了水荒、电荒、煤荒，这种现象的出现与企业的粗放型生产有很大关系。此外，粗放式经营生产还会生成大量毫无价值的副产品和废物。大多数企业对这些副产品和废物基本上都是草草处理或是根本不加处理，就直接排放到大自然中去，很容易破坏环境造成污染。譬如，我国工业水回用率不到60%，处理率不到80%。不少中小企业还未采取回用和处理措施，致使污水直接排放，而一些发达国家工业用水回用率已接近100%，处理率达100%。所以相比发达国家，我国企业的污染性是非常严重的。

第三节　借鉴儒家生态观念、实施生态环境管理策略

在发达国家，企业对生态环境的责任基本已经形成共识。在发展中国家还大量存在先破坏后治理的理念，有人认为在发展中国家谈论环境治理的问题，有点类似还没吃饱就开始吃消化不良的药，甚至有人认为发展中国家的

环境治理问题应该让发达国家来埋单。对此，我们主张尽量避免老工业化道路的失误，应该走边发展边治理的新型工业化道路，而儒家的生态观对新型工业化道路中生态环境管理的指导具有普适性，至少适应于中国以及其他东方国家。

一、企业遵循儒家生态观、实施生态环境管理的利益

企业作为追求利润的经济组织，要使其能够积极主动地对生态环境加以管理和保护，除了社会责任的驱动之外，还必须从利益上对其有所驱动，这一方面是根据企业的性质，增强企业实施生态环境管理的积极性，另一方面也是为了生态环境保护有充足的资金支持，更好地进行生态环境保护工作。下面即是对企业实施生态环境管理的成本与收益进行的相关分析。

（一）企业实施生态环境管理的成本分析

企业实施生态环境管理需要有一定的前期投入，这些成本投入主要包括两个方面：一是为达到国家制定的环保标准而进行的一系列相关投入，如为减少污染物排放而安装的废气、废水处理设备或者对原有的生产流程及生产设备做相应的环保改进；二是进行生态管理所产生的管理运营成本，如雇佣技术人员的费用、生态环境管理宣传的费用等。一般按照效益受益期限的长短不同，企业可以将其生态环境管理成本分为资本性成本支出与收益性成本支出两种。企业在进行成本投入时，需要考虑投入方向、投入规模以及成本结构的分布等，从而既符合企业的利益需求又能满足社会利益的需要。

（二）企业实施生态环境管理的效益分析

1. 直接经济效益

首先，企业实施生态环境管理，要求企业必须对其生产经营的管理过程加以有效的控制。从产品设计直到产品的销售都需要考虑能源、资源和原材料的节约、废弃物的处理、对环境的保护等因素，即可以有效地节约资源、降低企业的生产成本。从管理的观点看，企业产品成本的 80% 是在产品设计阶段决定的，同样企业生态环境管理的成本也是如此。通过遵循生态环境管理理念设计产品，可最大程度地利用原材料与资源，提高生产材料的利用率，即减少产品原料的使用量，尤其是减少稀有、昂贵以及有毒、有害材料的用量，从而节约企业原材料采购与消耗成本、降低企业的生产成本。同时，通过依据生态环境管理理念设计产品可以提高原材料的可回收利用效率，提

高再生率，从而减少环境治理成本支出，继而获得经济效益。此外，遵循生态环境管理理念设计产品，有利于实施节能化设计，使产品在其各个生命周期阶段的能耗最少，从产品本身来降低企业的投入。

其次，国家为治理环境污染、保护环境、减少企业对环境的排污，推行污染者付费的原则，即通过收取污染税或者排污费来增加企业污染的成本，将企业排污的外溢成本内部化，提高企业的生产经营成本。政府环境立法和执法的加强，对企业污染环境的惩罚性收费越来越高，这必然提高企业的生产经营成本，带来财务上的负担，对污染严重的企业将会极大地制约其市场竞争能力的发挥。为此，企业必须要规避国家环境政策带来的影响，企业遵循生态环境管理理念，注重环境保护，减少生产经营对环境的污染，可以明显降低排污税费的额度，甚至可以获得减免，这既可以直接降低企业的资金支出，又可以提高企业在市场上的竞争优势。

最后，企业实施生态环境管理，有利于企业提高自身形象，有利于企业建立与当地社区居民的良好关系。企业的生存与发展离不开当地社区居民的支持，如企业需要从当地招聘员工、企业员工的日常生活必需品要依赖当地社区提供等。而企业获得当地社区居民支持的前提是获得当地社区居民的认可。企业实施生态环境管理，保护当地的生态环境或者不对当地生态环境造成损害，是企业获得社区居民认可的前提条件之一。因此，企业实施生态环境管理，可以使企业容易获得社区居民的支持、较容易地招聘到员工、顺利地推销产品等，这对于企业而言就意味着招聘成本、营销成本、宣传成本的节约，即有效降低企业的运营成本。

2. 间接经济效益

第一，企业实施生态环境管理，将有助于企业规避绿色贸易壁垒。企业实施生态环境管理意味着企业将符合国际市场发展的潮流与趋势，将促使企业遵循国际标准（如 ISO14001、GMP、HACCP 等）。这样，在企业进入市场参与竞争时，尤其进入国际市场时，可以避免诸多技术性壁垒的制约，有利于企业获得竞争优势，提高企业的营利能力。

第二，企业实施生态环境管理，有助于企业获得各方面的支持。企业自愿遵循生态环境管理理念，重视环境问题，有利于企业获得包括政府、银行、保险、供应链上下游各方、股东在内的各相关组织的好评和支持，也有利于企业获得社会公众的好评，塑造企业的良好形象，为企业的发展壮大创造良好的舆论环境。

第三，企业实施生态环境管理，有助于企业提高管理水平、增强管理效率。生态环境管理的实施，需要企业各个部门的密切配合，这就要求建立一整套以生态环境管理为目标的、与国际接轨的、符合企业实际的高效率的管理模式。在此管理体系中，各部门之间相互协调，遵循共同的生态环境管理原则，形成高效率的组织管理结构，为企业带来效益。

二、企业遵循儒家生态观、实施生态环境管理的策略

（一）树立循环经济的经营管理理念、指导企业的生产运营

自然环境中不断地进行着物质与能量的转化，使生命形式得以繁衍。我国古代儒家思想将自然界的这种规律概括为"生生不息"。《周易》称"天地之大德曰生""生生之谓易"。朱熹说天地"别无所为，只是生物而已，亘古亘今，生生不穷"。企业实施生态环境管理，必须要遵循自然界"天人合一，生生不息"的规律，而现代的循环经济（Circular Economy）是物质闭环流动型（Closing Materials Cycle）经济的简称，即要求把经济活动按照自然生态系统的模式，组织成一个"资源—产品—再生资源"的物质反复循环流动的过程，这是现代经济对儒家"生生不息"思想的发展与延伸。循环经济使得整个经济系统基本上不产生或者只产生很少的废弃物，其特征是借助减量化（Reduce）、再利用（Reuse）、再循环（Recycle）的"3R"原则，对人类生产关系进行调整，实现经济活动对自然生态对自然资源的低投入、高利用和废弃物的低排放，从根本上解决长期以来环境与发展之间的尖锐冲突。其具体表现在以下几个方面。

（1）倡导绿色管理观念，促进企业可持续发展。企业传统上往往注重的是对人、财、物的管理，这种管理是以最大程度地降低成本获取经济效益为目的的。但是企业通常只考虑企业内部的因素，而忽视了企业与生态环境之间的关系，没有考虑外部的不经济性因素。因此，基于传统成本控制理念所带来的企业效益增长，只是暂时的增长而不是永续性的发展。而循环经济的绿色管理理念，是将环境因素纳入管理理念当中，强调融"生态发展和环境保护的观念"于经营管理中，建立起资源节约型生产方式，积极地应对生态环境问题。生态环境的管理不再被企业看作多余的负担与包袱，而是被看作企业提高效率、降低能耗、增强竞争能力、提高利润的前瞻性投资。

（2）采用矩阵管理模式，提高企业管理效率。企业为了适应大工业生产的集中化、标准化的要求，在企业内部按照职能差异分割形成不同的职能部门，各司其职，各尽所能，但这同时也制约了部门与部门之间的联系与整

合，形成了某一领域的"孤岛"。循环经济倡导矩阵式管理，强调企业为了适应个性化、分散化、柔性化的市场需求，实施柔性管理，为某一工作目标，可以把同一领域内具备相当水平的创新元素组成一个纵横交错的矩阵，通过跨功能和跨组织的管理使元素及行列按一定的规律变换、循环，从而创造出灵活的生产方式，激励企业产品不断创新、效率不断提高。

（3）实施闭环式生产方式，促进经济效益、社会效益和环境效益统一。循环经济要求企业遵循"3R"原则来构建资源开发、原材料生产、产品制造、流通消费、回收再利用的循环型生产模式。这一模式要求实施绿色产品设计，注意物质的循环再利用，尽量采用标准设计，注重经济效益、社会效益与环境效益三者的统一。

总之，循环经济倡导的是一种建立在物质不断循环利用基础上的经济发展模式。其实施将使资源和能源得到最合理与持久的利用，并使经济活动对环境的不良影响降低到尽可能小的程度。人们认识到，为了缓解经济发展与资源短缺和环境破坏之间的尖锐矛盾，必须在改变生产模式的同时，改变消费模式。因此，循环经济既包含了工业、农业等生产方式的彻底变化，还涵盖了消费方式的变化。所以，企业实施生态环境管理策略必然要树立循环经济的观念，用于指导企业的生产经营活动。山东三维丝绸有限责任公司原缫丝生产过程中，水、汽是主要生产介质，耗量很大，以前公司并没找到一个很好的降低污水量和污染的办法。在造成环境污染的同时，耗用大量水使生产成本加大，每年50万吨废水被白白地排放浪费掉了，而有限的水资源又制约了企业的发展，形成制约企业发展的瓶颈。现实使企业认识到，实施环境管理、发展循环经济已刻不容缓。在环保部门的支持帮助下，该厂投资300多万元，引进专利技术，建成日处理能力2 000吨的缫丝废水处理循环利用系统，该技术具有封闭运行、循环快、处理效率高、耗能低等特点，实现了生产污水零排放，对生产废水全部回收利用，并且生产废水中的部分热能同时被回收利用。该系统运行一年来，节水近50万立方米，节煤900多吨，年降低费用100余万元，综合能耗降低10%以上，制约企业发展的水源问题得到了很好的解决，取得了可观的经济效益和社会效益。该企业遵循了"减量化、再利用、再循环"的循环经济发展原则，利用先进的技术解决了"高开采、低利用、高排放"的问题。

（二）遵循儒家生态观念、建立清洁生产体系

清洁生产是循环经济的核心，是企业实现生产过程零排放和产品绿色化的途径。企业遵循儒家生态观念，以循环经济理念为指导思想，必须要求企

业建立起完善的清洁生产体系。清洁生产体系包括四方面的内容。一是清洁的能源方案。即提高现有能源的利用效率，加速开发再生新能源。二是清洁的物料资源方案，即使用清洁的原辅材料，提高利用率，加速有毒、有害原辅材料替代技术的研究、开发和应用。三是清洁的生产方案，即在生产工艺、生产设备、生产自动化控制、生产过程的管理等方面，尽量减少生产过程中各种危险因素和有毒有害中间品，尽量采用废气物循环利用、再资源化、综合利用技术。四是清洁的产品方案，即改善产品的使用功能和使用寿命，减少或消除产品本身及在使用过程中对人体健康和生态环境所产生的不良影响和危害，使产品失去功能后易于回收、再生、复用等。具体而言，企业建立清洁生产体系可以从以下两个方面着手。

（1）建立以清洁生产体系为主导的战略成本控制，进一步降低成本，提高竞争优势。企业实施清洁生产体系，必须注重在产品整个生命周期的各个环节采取"预防"和"源削减"等措施，通过将生产技术、生产过程、经营管理及产品消费过程各方面与物流、能量、信息等要素有机结合起来，用降低企业自我的显性成本和对环境影响的隐性成本提高自身的竞争优势。例如，福建水泥股份有限公司永安火电厂通过实施清洁生产，无、低费方案获益 111.35 万元，实施中、高费方案获益 206.35 万元，并减少了燃煤量，降低了二氧化硫排放。

（2）实施 ISO14000 环境管理体系，促进了清洁生产的实施，规范了企业环境管理，增强了竞争优势。清洁生产与 ISO14000 环境管理体系相辅相成，清洁生产可以为企业实现 ISO14000 环境管理体系提供有效的技术支持，ISO14000 环境管理体系为清洁生产提供组织与机制保障。企业建立清洁生产体系，必须实施 ISO14000 环境管理体系，规范企业的环境管理，从而实施清洁生产，参与国际竞争获取有效的资格，提高企业市场竞争优势。

总之，清洁生产体系的建立有利于企业获得长期的经济效益、社会效益和环境效益，促进企业的发展。而且，从长远看，随着人们生活水平的提高和对环境保护重要性的认识，人们必然倾向于购买绿色产品，进行绿色消费。因此，企业建立清洁生产体系，生产过程对生态环境不污染或减轻污染，生产绿色产品，将符合消费者的未来需求。这将是企业未来生产发展的必要基础。

当然，企业建立清洁生产体系，从短期来看，尤其在清洁生产实施的初期，企业实施清洁生产增加的资金、人员投入可能会给企业带来一定的经济负担，增加单位产品的成本，导致企业短期利润减少，在初期可能会缺乏实施清洁生产的动力和积极性。因此，如何最大程度地减少企业初期实施清洁生产的成本与收益之间的差距、降低企业在实施清洁生产初期的利润损失，是促进企业实施建立清洁生产体系的关键所在。

（三）遵循儒家生态观念、建立完善的绿色营销体系

现代企业的生态管理观念应该是适合市场经济条件的观念。因此，在遵循基本的儒家生态思想的基础上还必须有所发展，不但要注重清洁生产体系的建立，还需要建立绿色营销体系，从而建立起完整的企业生产经营的链条。从现代市场营销学角度而言，企业建立绿色营销体系必须是建立在清洁生产体系基础之上的，主要包括绿色定价策略、绿色分销策略、绿色促销策略、绿色产品策略等在内的一系列市场营销的组合策略。

企业在制定实施市场营销组合策略的过程中必须考虑相应的绿色因素的影响。首先，企业在定价过程中需要充分考虑绿色市场的需求。例如，企业在定价过程中需要考虑由于注重废气物资的回收利用及综合利用效率，必然要制定相对应的新的产品组合定价（即绿色产品组合定价）与之相匹配。企业还可以利用认知定价法，引导消费者的绿色需求意识和对绿色产品的价值认知。其次，在分销渠道策略上要符合环境要求，不对环境造成污染。例如，在运输配送过程中，采用第三方物流，集中运输配送，提高效率，降低污染物的排放。又如，在一些冷鲜食品运输中，使用绿色制冷剂，不破坏环境。再次，在促销方面要注重对绿色文化、社会责任、环境保护等主题的宣传。最后，企业的绿色产品策略除了保证符合顾客需求之外，还必须充分考虑环境因素，如使用的包装材料需符合要求，即包装材料对环境污染小，其构成主要是再生资源，回收再利用率高。此外，企业的绿色产品还应该使用绿色标志。

第五章　儒家社会交往观与企业竞合战略管理伦理

随着全球经济一体化的不断深入以及"人本"管理时代的到来，企业为了立于不败之地必须同时处理好企业内部员工的关系、企业与外部公众之间的关系。其中外部公众既包括与直接的竞争对手之间的关系，也包括与其他利益相关者之间的关系。要想处理好这些关系，企业采取竞合战略是非常必要的，儒家的社会交往思想是企业竞合战略取得成功的重要思想源泉。

第一节　儒家社会交往观

儒家的先贤们给后人留下了丰富的社会交往方面的思想和方法，现将儒家社会交往观从五个方面加以概述。

一、"诚信"是交往的基本原则

《论语·学而》中非常明确地指出"与朋友交，言而有信"。孔子把"信"这种真诚无妄之德运用于交往活动，首先要求朋友之间应诚实守信。这里的交往主体虽指"朋友"，但却适用于一切人。因为在孔子看来，"信"是做人之本，失去它不仅无法做人，而且还会使自己孤立隔绝、寸步难行，无法得到对方的认同、理解。正如《论语·为政》中所说："人而无信，不知其可也。"《论语·卫灵公》中亦说："言忠信，行笃敬，虽蛮貊之邦，行矣。言不忠信，行不笃敬，虽州里，行乎哉？"由于"信"乃做人之本，那么主体间在交往时就必须"听其言而观其行"(《论语·公冶长》),考察彼此在言论和行动上是否诚实守信。若对方诚实守信,即可与其沟通、对话,进行平等交往。正所谓"信则人任焉"(《论语·阳货》)。因此,诚信交往原则也体现了平等交往的原则。学生万章向孟子"敢问友"时,孟子则坚定地回答说:"不挟长,不挟贵,不挟兄弟而友。友也者,友其德也,不可以有挟也。"(《孟子·万章下》)这里说的虽是朋友间不能以年龄大小和身份高低等要挟对方,但由于它是以诚、信为指向,所以既适用于师生及父子、兄弟、夫妻等宗族内部的日常交往,又适用于政治、经济及国与国间的非日常交往,其中均含有平等交往的指向。

二、"与人为善"的交往态度

儒家的"仁"包含着人道精神,从这种人道精神出发,提倡以"与人为善"的态度进行友好交往。孔子在《论语》中虽然没有直接使用"与人为善"的字眼,但他所强调的"忠恕之道",就意味着交往作为人与人之间的理解与沟通,首先是以对他人的关心、友好与和善为前提的。孔子认为,齐国的晏婴之所以能在交往中与人相交越久越能受到他人的尊重,就是由于晏婴始终以"与人为善"的态度待人,即谓"晏平仲善与人交,久而敬之"(《论语·公冶长》)。同时,孔子反对用恶意猜测他人,而提倡"见善如不及"(《论语·季氏》)、"愿无伐善"(《论语·公冶长》),勉励交往主体以善良的心底和开放的襟怀接纳对方。

在友好交往的问题上,孟子比孔子更清晰,他直接提出了"与人为善"的交往原则。《孟子·公孙丑上》说:"大舜有大焉,善与人同。舍己从人,乐取于人以为善。自耕稼陶渔以至为帝,无非取于人者。取诸人以为善,是与人为善者也,故君子莫大乎与人为善。"孟子认为,帝舜所以能由凡人圣是由于他始终以"与人为善"的态度交纳对方,这就意味着"与人为善"既是实现主体间互相理解与沟通的前提,又是消除主体间敌对心理障碍,建立互相学习、互相认同和互相信任的良好交往氛围的先决条件。既然如此,那么友好交往也就是善心与善心的交流与融通。也就是说,人只有怀着一颗善良友好的心进行交往,才能得到对方的同情、关怀和理解,从而产生感情和力量上的共鸣,把事情办得成功。所以,当孟子的学生万章问他"交际何心"时,他回答说:"恭也。"(《孟子·万章下》)他还认为,"以善养人,然后能服天下"(《孟子·离娄下》),即人肯以仁爱之心涵养自己并用之去感化、沟通他人,才能使他人感到心悦诚服,愿意与你交往。相反,如果用威力去胁迫他人，这不但不能使他人口服心服，反而会导致彼此之间的紧张，加重彼方的敌视心里，即谓"以善服人者，未有能服人者也"（《孟子·离娄下》）。

即使是主张人性恶的荀子也主张友好交往。荀子说："以善先人者谓之教，以善和人者谓之顺。以不善先人者谓之谄，以不善和人者谓之谀。"（《荀子·修身》）这里的善是指主体交往时所怀有的情感，它包括良心、责任心、同情心、义务感等。荀子认为这种善是主体间互相认同的心理基础，也是自我对他我和社会所应持有的一种心理倾向，如果主体间缺乏这种善，就会使交往发生扭曲变形，乃至流于"谄"或"谀"。因此，荀子反对以敌视的心态窥测他人，而主张在交往时做到"崇人之德，扬人之美"（《荀子·不苟》），以善良的愿望和宽容的胸怀接纳不同的交往主体。因此，儒家"与人为善"的交往态度是非常明确的，这种交往态度是处理好各种关系的重要前提之一。

三、社会交往要保持"和而不同"的独立性

儒家虽然把和谐、协同作为交往的理想追求目标，但是他们对交往中怎样保持交往主体的独立性而不流为结党营私的宗派性活动却有着严格的选择标准，并由孔子率先提出了"和而不同"的对待原则。他说："君子和而不同，小人同而不和。"（《论语·子路》）朱熹的《论语集注》对此解释为："和者，无乖戾之心。同者，有阿比之意。"陈天祥的《四书辨疑》解释说"同"谓"巧媚阴柔，随时俯仰，人曰可已亦曰可，人曰否已亦曰否，惟言莫违，无唱不和"；"和"谓"中正而无乖戾"，"凡在君父之侧，师长朋友之间，将顺其美，匡救其恶，可者献之，否者替之，结者解之，离者合之"。据此，"和"即是矛盾双方有差别的统一，是相反相成、互济互补的共生共处。"同"则与之相反，是抹杀矛盾双方差别性的等同或混同，是无条件、无原则的去异而取同。"和""同"体现在人际关系的处理上，即前者坚持有原则的和谐，而不随波逐流、丧失其独立性；后者则无定操，无原则，而人云亦云，无唱不和。所以，孔子把求"和"而不"同"者视为"君子"，求"同"而不"和"者斥为"小人"。

正是以这种"和而不同"的原则为导向，儒家对选择什么样的人作为交往对象也做了认真思考。孔子说，"不仁者不可以久处约，不可以长处乐"（《论语·里仁》），"主忠信，无友不如己者"（《论语·学而》）。他以"仁"为标准，不赞成同任何人都进行交结。孟子同样不赞成同什么人都可以进行交结，所以他对"非其君不事，非其友不友，不立于恶人之朝，不与恶人

言"（《孟子·公孙丑上》）的伯夷倍加礼赞和歌颂，乃至把伯夷奉为具有独立人格尊严的交往主体的楷模。对于选择什么样的交往对象，荀子也是十分审慎的。"君人者不可以不慎取臣，匹夫不可以不慎取友。友者，所以相有也。道不同，何以相有也？均薪施火，火就燥；平地注水，水流湿。夫类之相从也如此之著也。以友观人，焉所疑！取友善人，不可不慎，是德之基也。"（《荀子·大略》）他以"类之相从"，揭示了交往中以"道"取友、"以友观人"的重要性。同时，儒家还以"和而不同"为原则，反对把社会交往降为党派活动。对此，孔子除近乎律令地宣布"和而不同"外，他还说："君子周而不比，小人比而不周"（《论语·为政》）；"君子矜而不争，群而不党"（《论语·卫灵公》）；"人之过也，各于其党"（《论语·里仁》）。所谓"不党""不比"，就是要求主体间在社会交往中超越私人性和宗派性。也就是说，主体间的交往活动虽然应贯彻与人为善和诚实对待的原则，但这并非意味着可以放弃各自的意志和立场而依附于他人，甚至把交往蜕变为一种结党营私的活动。

孟子也坚决反对下级对上级的阿谀奉承行为。即使君臣、父子、兄弟之间的沟通，也必须"去利怀仁义以相接"（《孟子·告子下》），遵循既定的交往规则，同时强调同大国或大人物进行交往，也不应委曲求全，而应坚守自己的立场，据理力争。荀子同样认为，以无耻吹捧、陷害他人、隐瞒真情、收买贿赂等手段去结交对方，只能导致交往的失真和变质，而不能真正实现主体间的理解与沟通。

既然交往对象选择不当或把交往降为丧失主体独立性的宗派活动，都不是真正的友好交往和诚实交往，那么怎样才能把交往控制在理想的界限范围内呢？儒家主张实行"中庸"的原则，"中庸"就是"分寸"或"适度"之意，就是要把事物的存在和发展保持在度的界限内。儒家以此为原则和方法来判定交往的合理性。《论语·子张》篇中记载了"子夏之门人问交于子张"的故事。按照子夏的交往观，对值得交往的人就交往，而不值得交往者就断绝他，亦即"可者与之，不可者拒之"。而子张的交往观与其相异："君子尊贤而容众，嘉善矜不能。我之大贤与，人将拒我，如之何其拒人也。"子张主张同任何人都要进行交往。孔子则对这两个人评论说："师（子张）也过，商（子夏）也不及。"（《论语·先进》）孔子认为子张和子夏都没有坚持"适中"交往的原则，都缺乏自觉灵活性。孟子在如何才能做到"适中"交往时，提出了"权"的做法，即灵活把握各种变化情况，随时做出灵活的"适中"处理。如果固执呆滞，不懂得"权"（即不能灵活把握），很可能会犯好走极端的错误。孟子举例说："男女授受不亲，礼也；嫂溺，授之以手者，权也。"（《孟子·离娄上》）他认为以"权"为调节，方可达致"中庸"的境地。荀子也主张在交往时"比中而行"，就是以"礼义"为规限去实现"适度"交往。

四、实际交往中以"礼"为规范

儒家从理论上提出"诚信""与人为善""和而不同"的社会交往思想，并且提出了用"礼"来规范人们的行为以确保这些思想在实践中得到落实。

儒家之"礼"，最初该上溯至原始社会人们日常生活中的一些风俗习惯和"不成文法"，包括尊卑长幼之序的方式等。至夏商之际，有了比较完善的祭祀仪式的"礼"。周人继承了部分"殷礼"，结合自身习俗，糅合改造发展成为"周礼"，从民俗领域扩大到了社会政治领域，用于治理国家，即所谓礼治也。相传这件大事乃周公主持完成，人称"周公之礼"。广义地说，"礼"涵盖了人类一切行为规范，从一般举止礼貌、习尚规矩、百业分工、交易常例、社会公约、政治制度、法律条款、各项制衡措施以至所有人际关系守则，都是为治理社会、国家的准绳和手段。

"礼"的基本作用就是从外部约束来规范人们的行为。"道之以德，齐之以礼"中的"齐"就是约束，即用"礼"来约束人们的行为。孔子强调："非礼勿视，非礼勿听，非礼勿言，非礼勿动。"（《论语·颜渊》）要求人们的视、听、言、动都要受"礼"的约束，只有合于"礼"的才能做，不合于"礼"的就不能做。如果人们的行为不受"礼"的约束，就会走上事物的反面。孔子说："恭而无礼则劳，慎而无礼则思，勇而无礼则乱，直而无礼则绞。"（《论语·泰伯》），即一味恭敬而不懂礼法就会烦劳、忧愁；过于谨慎而不懂礼法就会显得胆小怕事；只知道勇敢而不懂得礼法的人就会鲁莽惹祸；心直口快的人不懂得礼法就会尖刻伤人。可见，像恭敬、谨慎、勇敢、直率这样的美德，如果不讲礼貌、不受"礼"的约束，就会变得不文明，甚至不道德，造成人际关系的紧张，甚至破坏人际关系的和谐。

五、"和为贵"是儒家交往观的总原则和总目标

国学大师张岱年先生认为中国传统文化的主要特点：一是人与自然"天人合一"；二是人与人之间"以和为贵"。中国人民大学张立文教授最早提出了"和合文化"的概念，用"和合文化"概括中国传统文化也是非常贴切的，而儒家"和为贵"思想则是中国传统"和合"思想的核心。有学者对儒家这种"贵和"思想从三个方面进行了概述。

（1）"贵和"是处理人与自然关系的法则。自然有其自身的秩序，是和

谐的整体。我国古代哲人主张"天人合一",将人与万物一视同仁,视为一个和谐统一的整体,认为人与自然的和谐相处是人类各种关系和谐的基础。对自然和谐的破坏,都是由于人没有顺应自然、尊重自然。"天有其时,地有其财,人有其治",人"不与天争职"(《荀子·天论》),讲的就是这个道理。

(2)"贵和"是处理人际关系的法则。中国传统道德提倡"君子和而不同,小人同而不和"(《论语·子路》)。在孔子看来,人与人之间可以有矛盾,但能够在一定的道德原则和规范下达到统一与和谐。也就是说,"和而不同"的实质乃是强调矛盾的统一和均衡,强调通过对"度"的把握以获得人际关系的和谐。儒家积极宣扬"礼之用,和为贵"(《论语·学而》),"均无贫,和无寡"(《论语·季氏》)。"和"不仅是处理人与人之间关系的一个基本准则,而且是调解人们之间利益冲突的一种处世方式和治国之术。

(3)"贵和"是处理民族、国家关系的法则。中国人一直认为"和"是解决国与国之间冲突的原则,主张"协和万邦"。"协和万邦"的说法最早出现于《尚书·尧典》中,随着《尚书》被尊为儒家经典,其所主张的处理邦国、族群关系的准则也就逐步成为封建统治者处理民族、国家关系的法则。"协和万邦",表现了中华民族爱好和平的优良传统,是中国传统文化中"贵和"思想在民族、国家、文化层面上的重要体现。"协和万邦",不仅体现着古代先贤的政治理念、道德准则,也是一种民族文化、民族精神,它促进了民族的融合和大一统国家的建立。

"和为贵"思想是儒家交往观的总原则和总目标,是构建和谐关系的重要思想源泉,也是现代企业采取竞合战略的思想源泉。

第二节　企业竞合战略

在阐释企业竞合战略之前先看一则经典寓言——《花匠的种子》。

在一个小镇上,每年都举办兰花品种大赛。有一个花匠的成绩相当优异,经常是首奖及优等奖的得主。然而奇怪的是在他得奖之后,反而在街坊邻居之间分送得奖的种子,毫不吝惜。

有一位邻居就很惊异地问他:"你的奖项得来不易,每季都看到你投入大量的时间和精力来做品种改良,为什么还这么慷慨地将种子送给我们呢？难道你不怕我们的兰花品种因此而超越你的吗？"

这位花匠回答："我将种子分送给大家，帮助大家，其实也就是帮助自己！"

原来，这位花匠所居住的城镇是典型的农村形态，家家户户的田地都比邻相连。如果花匠将得奖的种子分送给邻居，邻居们就能改良他们兰花的品种，也可以避免蜜蜂在传递花粉的过程中，将邻近的较差的品种转而污染自己种植的花卉，这样这位花匠才能够专心致力于品种的改良。相反，若花匠将得奖的种子私藏，则邻居们在兰花品种的改良方面势必无法跟上，蜜蜂就容易将那些较差的品种污染给自己种植的花卉，他反而必须在防范外来花粉方面大费周折而疲于奔命。

这则寓言告诉我们一个道理，花匠与自己比邻的其他花匠固然存在竞争关系，但他们还必须合作，把自己培育出来的优良种子分送给其他的花匠，才能避免蜜蜂传粉时将那些较差的品种污染自己的优良品种，从而保证自己的品种始终处于优质状态。这个道理在管理学上就是企业之间的合作竞争理论，又称为竞合理论。

一、竞合理论的产生

竞合理论，源于对竞争对抗性本身固有的缺点的认识和适应当今复杂的经营环境。该理论的代表人物是耶鲁大学管理学教授拜瑞·J. 内勒巴夫（Barry J. Nalebuff）和哈佛大学企业管理学教授亚当·M. 布兰登勃格（Adam M. Brandenburger），他们的代表作是 1996 年合著出版的《合作竞争》（Co-competition）。他们认为，企业经营活动是一种特殊的博弈，是一种可以实现双赢的非零和博弈。企业的经营活动必须进行竞争，也有合作，提出了合作竞争的新理念。它是对网络经济时代企业如何创造价值和获取价值的新思维，强调合作的重要性，有效克服了传统企业战略过分强调竞争的弊端，为企业战略管理理论研究注入了崭新的思想。同时，利用博弈理论和方法来制定企业合作竞争战略，强调了战略制定的互动性和系统性，并通过大量的实际案例进行博弈策略分析，为企业战略管理研究提供了新的分析工具。合作竞争战略管理理论的核心逻辑是共赢性，反映了企业战略在网络信息环境下，要以博弈思想分析各种商业互动关系、与商业博弈活动所有参与者建立起公平合理的合作竞争关系为重点。

1997 年，玛丽亚·本特森（Maria Bengtsson）和索伦·科克（Soren Kock）也将既包含竞争又包含合作的现象称为合作竞争，他们共同研究了企业网络的合作竞争；Loebbecke 等研究了基于合作竞争的知识转移及合作竞争组织间的知识分配理论；Hausken 研究了团队间的合作竞争，认为利益主体间的竞争有利于利益主体内部成员积极性的提高，其他利益主体内的合作竞争情况也影响该利益主体内部的合作竞争程度；Mar 等认为，合作中利益主体把其他利益群体的活动视为正外部条件，竞争中利益主体则将其他活动视为负外部条件；Kenneth Preiss、Steven L. Goldman 和 Roger N. Nagel 认为，新型企业没有明确的界线划分，其作业过程、运行系统、操作及全体职工都应与顾客、供应商、合作伙伴、竞争对手相互作用和有机联系在一起，企业必须走出孤立交易的圈子，进入相互联合的王国，获取竞争优势；麦肯锡高级咨询专家乔尔·布列克（Jole Bleeke）和戴维·厄恩斯特（David Ernst）认为，未来的企业将日益以合作而非单纯的竞争为依据，企业会把合作竞争视为企业长期的发展战略之一。

二、合作竞争或竞争合作成功的要素分析

合作竞争是一种高层次的竞争，合作竞争并不是意味着消灭了竞争，它只是从企业自身发展和社会资源优化配置的角度出发，促使企业间的关系发生新的调整，从单纯的对抗竞争走向一定程度的合作。对于合作竞争成功的基本条件，已有很多学者进行了专项研究，其中比较典型的是尼尔·瑞克曼（Neil Rackham）对大量实例进行研究后提出的合作竞争成功的三大要素，即贡献（Impact）、亲密（Intimacy）和远景（Vision）。

（1）贡献。贡献是指建立合作竞争关系后能够创造的具体有效的成果，即能够增加的实际生产力和价值。贡献是合作竞争成功要素中最根本的要素，是成功的合作竞争关系可以存在的原因。贡献主要来源于三方面：一是减少重复与浪费；二是借助彼此的核心能力，从中受益；三是创造新机会。

（2）亲密。成功的合作竞争关系超越了一般的交易伙伴，具有一定的亲密程度，这种亲密在传统交易模式下不是存在的。要建立这种亲密关系，企业必须做到几点：一是相互信任，相互信任是建立合作竞争关系的核心；二是信息共享，促使信息和知识的快速流动，降低信息收集和交易成本；三是建立有效的合作团队。

（3）远景。远景是建立合作竞争企业的导向系统，它描绘了合作企业所要共同达到的目标和如何达到目标的方法，激发员工的工作热情和创造性

成为建立合作竞争关系企业的活力源泉。远景要能正确地发挥作用，必须能评估伙伴的潜能、发展伙伴关系、进行可行性分析等。

合作竞争是企业的长期发展战略，它从组织的长远发展角度，通过企业自身资源、核心竞争力的整合，以及组织之间的合作和相互学习，进行产品、服务、技术、经营管理等各个方面的创新，从而使企业形成持久的竞争优势。合作竞争有别于传统的零和博弈或负和博弈，它以实现合作竞争双方的共同利益为目标。同时，要建立成功的合作竞争关系，还要理性地选择合作伙伴，考察合作伙伴的资源优势、创造贡献的潜能、合作伙伴的长期战略、企业文化、价值观等，从而对合作伙伴进行有效的管理。

三、合作竞争的效应分析

企业的合作竞争联合了若干企业的优势，共同开拓市场、参与市场竞争，增强了企业在市场上的竞争力。成功的合作竞争会产生许多良性效应，现列举如下：。

（1）规模效应：合作竞争使企业实现了规模经济。首先，单个企业各自的相对优势在合作竞争的条件下得到了更大程度的发挥，降低了企业的单位成本；其次，合作使专业化和分工程度提高，对合作伙伴在零部件生产、成品组装、研发和营销等各个环节的优势进行了优化组合，放大了规模效应；最后，企业通过合作制定行业技术标准，形成格式系统，增强网络的外部性。

（2）成本效应：合作竞争降低了企业的外部交易成本和内部组织成本。企业通过相关的契约，建立起稳定的交易关系，降低了因市场的不确定和频繁的交易而导致的较高的交易费用。同时，由于合作企业间要进行信息交流、实现沟通，从而缓解了信息不完全的问题，减少了信息费用。合作企业间的信息共享，也有助于降低内部管理成本、提高组织效率。

（3）协同效应：同一类型的资源在不同企业中表现出很强的异质性，这就为企业资源互补融合提出了要求。合作竞争扩大了企业的资源边界，不仅可以充分利用对方的异质性资源，而且可以提高本企业资源的利用效率。此外，合作竞争节约了企业在资源方面的投入，减少了企业的沉没成本，提高了企业战略的灵活性，通过双方资源和能力的互补，产生了1+1>2的协同效应，使企业整体的竞争力得到提升。

（4）创新效应：合作竞争使企业可以近距离相互学习，从而有利于合作企业间传播知识、创新知识和应用知识，同时也有利于企业将自身的能力与合作企业的能力相结合创造出新的能力。此外，合作组织整体的信息搜集、沟通成本较低，可以更加关注行业竞争对手的动向和产业发展动态、跟踪外部技术、管理创新等，为企业提供新的思想和活力，大大增强企业的创新能力和应对外部环境的能力。

四、竞合战略的博弈分析

从博弈论的角度来看，竞争的过程一般都是从低级的单纯竞争发展到高级的合作竞争，可以从"智猪博弈"和"囚徒困境"两个经典的例子来分析竞争的过程。

"智猪博弈"讲的是两头猪的故事。猪圈里有两头猪，一头大猪，一头小猪。猪圈的一边有个踏板，每踩一下踏板，在远离踏板的猪圈的另一边的投食口就会落下少量的食物。如果有一只猪去踩踏板，另一只猪就有机会抢先吃到另一边落下的食物。当小猪踩动踏板时，大猪会在小猪跑到食槽之前刚好吃光所有的食物；若是大猪踩动了踏板，则其还有机会在小猪吃完落下的食物之前跑到食槽，争吃到另一半残羹。这是"智猪博弈"中的低级的单纯竞争阶段，即只有竞争还没有合作的阶段。

"智猪博弈"的故事不会如此简单就结束，更为精彩的将是智猪之间继续博弈的过程与结果。在经过多次尝试后，小猪选择了"搭便车"策略，原因在于小猪行动不如等待的收益大。大猪至少有两种行动可以使"智猪博弈"达到"均衡"。大猪不行动，小猪没有吃，大猪也没有吃，这种平衡意义不大，因此是不可能维持很长时间的，大猪的肚子一饿，就会本能地采取行动。大猪一旦采取行动，小猪自然还是会选择"搭便车"，但大猪至少可以不挨饿。因此，只要游戏规则不变，"智猪博弈"的新均衡必然要求大猪做出牺牲。竞争过程中宁愿或不得不做出的牺牲，就是合作的基础。

如果"智猪"也像人一样具有能动性，能够主动改变游戏规则，则"智猪博弈"就会完全走上合作的道路，从而进入高级的合作竞争阶段。

"囚徒困境"讲的是两个囚犯的故事。两个囚犯一起做坏事，结果被警察发现抓了起来，分别关在两个独立的不能互通信息的牢房里进行审讯。在这种情形下，两个囚犯都可以做出自己的选择：或者供出他的同伙（即与警察合作，从而背叛他的同伙），或者保持沉默（也就是与他的同伙合作，而不是与警察合作）。这两个囚犯都知道，如果他俩都保持沉默，就都会被释放，因为只要他们拒不承认，警方就无法给他们定罪。但警方也明白这一点，所以他们就给了这两个囚犯一点儿刺激：如果他们中的一个人背叛，即告发他的同伙，那么他就可以被无罪释放，同时还可以得到一笔奖金。而他的同伙就会被按照最重的罪来判决，并且为了加重惩罚，还要对他施以罚款，作为对告发者的奖赏。当然，如果这两个囚犯互相背叛的话，那么两个人都会被按照最重的罪来判决，谁也不会得到奖赏。

从"囚徒困境"这个博弈例子来看，低级的单纯竞争只能是两败俱伤，只有高级的合作竞争才会双赢。

苏勇教授认为，现代企业竞争已经发展到了一个相当成熟的阶段，之所以这么说是因为现代企业之间的竞争更为理性，这个标志就在于竞争似乎正走上了自己的反面——"合作"。合作性竞争的出现，为市场和市场主体间带来了新的伦理关系，这种新的伦理关系就是竞合伦理关系。

五、企业竞争合作的主要表现形式

（一）产业集群中的竞争合作

产业集群是企业竞争合作的主要表现形式之一。波特（M.Porter）教授认为，产业集群是一组在地理上靠近的相互联系的公司和关联的机构，它们同处于一个特定的产业领域，由于具有共性和互补性而联系在一起，又可被称为产业簇群、产业群集。集群中的企业相互关联、相互支撑，密集分布于相应产业链上下游的众多环节上，相互之间形成了多重、多样的超稳定关系结构。

产业集群为企业之间"双赢"或"多赢"的实现提供了条件。首先，产业集群所在区域已基本形成了比较成熟的劳动力市场，储备了许多富有经验的人才。集群内企业间高层管理人员的流动性较强，竞争一方面迫使企业要留住高素质的员工，另一方面使高层管理人员面临的挑战也加大。在这种环境中，企业家精神被锻炼出来，素质得到了提高，集群内的企业在人力资源这一要素领域已基本具备创新的条件。其次，由于企业间地理位置接近以及同质性和关联性，各种新思想、新观念、新技术能够更快地传播，来自竞争企业、供应商、研究机构、消费者等方面的知识能更快地形成溢出效应，获取"学习经济"（Learning Economies），增强企业的研究和创新能力。再次，由于集群内的企业靠利益分配机制无形地结合在一起，易形成一致的声音，能以更快的速度对付来自外部环境的技术、市场和政策等方面的挑战。最后，集群内企业在信息、技术、资源和服务的获得方面都具有更低的搜索成本、交易成本和运输成本。这些关系往往使企业达到资源共享的协同效应，获得任何个体企业不能抓住的市场机会。因此，集群为竞合提供了最为便利的条件，也最能体现竞合的要求。

（二）区域经济中的竞争合作

区域经济中的竞争合作，是指随着经济全球化和区域经济一体化的不断深化，各国各地的产业结构成为全球产业结构大系统的组成部分，产业的升级调整与周边地区的产业结构调整息息相关、密不可分。全球经济发展进入协同共生时代，任何一个国家或地区的经济发展都不可能在一个封闭的环境中进行。在这样的历史背景下，任何地区的发展都不能单枪匹马、特立独行，而应该在一个更广大的区域内，依照资源禀赋的特征，发挥分工合作的优势，合理配置生产要素，通过合作把蛋糕做大，寻求共赢。

在区域竞争与合作过程中，各相关地区为在区域经济发展中争取主动和相对有利的经济地位，必然会动员一切可能的资源，从多个层面展开竞争，以便从区域经济发展中获得更多的利益。而且，这种竞争的存在，也是区域经济一体化的发展基础和内在要求，因为没有竞争，区域经济整体水平的提升和一体化发展也就无从谈起。从这个意义上讲，竞争是区域经济一体化发展的源泉。同时，在一定空间范围内，由于地缘、业缘、人缘、历史和文化等因素的影响，各地区间往往有着密不可分、千丝万缕的内在联系，任何一个地区都不可能抛开其他地区而独立发展。因此，合作也同样伴随着一体化的全过程。

当然，在不同的经济发展阶段、不同的区域经济状况下以及不同的经济发展侧面，竞争与合作的程度会有所差异。特别是在区域经济的整体水平较低、地区间经济同构性较严重的背景下，激烈的竞争也会成为主旋律。同时，在不同的发展侧面，竞争与合作的程度也会有所差异。例如，某些区域地区，尽管产业领域的竞争日益激烈，但基础设施建设和生态环境保护等领域的区间关系则更多地表现为合作。对于身处其中的各地区来说，关键是要认清区域经济竞合的实质及其在不同阶段、不同背景和不同领域的内在要求，以更加积极的姿态应对竞争、参与合作。

（三）企业战略结盟中的竞争合作

这里所讲的企业战略结盟，是指任何两个或多个具有独立法人地位的企业，为了资源共享、降低成本、分散风险、优势互补或利益均占等目标而形成的战略结盟。企业之间的独立性保证了企业之间的竞争性，企业之间的战略结盟则体现了企业之间的合作性。

美国麦肯锡公司的咨询专家乔尔·厄恩斯特编著的《协作型竞争》指出："很多跨国公司日渐明白，为了竞争必须协作，以此取代损人利己的行为……跨国公司可以通过有选择地与竞争对手以及与供应商分离和交换控制权、成本、资本、进入市场的机会、信息和技术，为顾客和股东创造最高价值。"因此，未来的跨国战略将日益以协作而非单纯的竞争为依据。在讲到企业战略联盟的必要性时，书中还讲述了"在这个充满不确定因素和危险敌手的复杂世界上，最好不要单独行事。在广阔舞台上叱咤风云的大国，一贯与有共同利益的其他国家结盟。这并没有什么使人感到羞耻的。通过理解达成联盟是所有杰出战略家的保留节目。在如今这种竞争激烈的环境中，它对公司经理来说也是有效的"。

第三节　儒家交往观下的企业竞合战略管理伦理

竞合战略是企业经常采用的重要战略之一，而竞合战略不是企业单方面能够完成的战略，必须依靠合作方的积极有效的配合才能成功。既然竞争与合作是对立统一的关系，那么如何协调好对立统一的度，使适度的对立更有利于合作效率的提升，最终达成"双赢"或"多赢"的目标，这就要求企业在与合作方的交往中加强交往管理伦理。而儒家的交往观对企业成功实施竞合战略所需要的管理伦理具有积极的借鉴意义。这种借鉴意义主要体现在两个方面：一方面企业必须构建重视交往伦理的企业文化；另一方面企业必须采取提升企业交往伦理水平的具体措施。

一、企业如何构建有利于实施竞合战略的交往伦理文化

企业文化的形成不是一蹴而就的事，它需要一个比较长时间的沉淀过程，但我们不能因为企业文化的形成需要时间长而放弃企业文化建设，更为重要的是，企业应该建设什么样的文化问题。为了配合竞合战略的实施就应该建设交往伦理文化，而企业这种为实施竞合战略的交往伦理文化与儒家交往伦理有殊途同归之效、异曲同工之妙。因此，企业交往伦理文化就应该是

诚信、与人为善、和而不同的"贵和"交往文化。这种文化不能只停留在企业的文件中，而应该落实到员工的日常生活与工作中，不能只有部分领导认可与自觉践行，而应该是全体员工都认可与自觉践行。

企业之间的诚信交往是保证竞合战略成功实施的基石，没有诚信就没有合作，没有诚信只会带来残酷的、没有合作的竞争。企业与企业之间的交往与人与人之间的一样，没有谁也没有任何一个企业愿意与不诚信的人或企业交往。因为与不诚信的人或企业交往风险太大、成本太高。所以企业在选择竞合伙伴时，诚信是最基本的条件。要想成为别的企业的竞合伙伴，就必须把自己建设成一个诚信的企业。

与人为善的交往是企业之间的交往态度问题。在西方的《伊索寓言》中也有一个类似的"野驴和狮子"的故事：为了能够更容易地捕获食物，野驴和狮子缔结了互助条约——野驴跑得快，负责寻找食物，狮子有力量，负责捕获食物，二者结合在一起共同发挥作用。果然，它们就捕到了一份肥美的食物。由狮子来实施分配方案。它将食物分成三份，说："我拿第一份，因为我是百兽之王；第二份也应归我，因为这是我们合作我所应得的；至于第三份嘛，我们可以公平竞争，不过你要是不赶紧滚开，把它让给我，你恐怕就要大祸临头，成为我的第四份美味了。"结果狮子把野驴赶跑了，以后它再也没能找上肥美的食物。如果一个企业与另一个企业的交往目的，就是为了获取对方更多的信息以便把对方挤垮，其可恶的目的一旦被戳穿，企业之间不但不可能继续合作，反而会带来更加可怕的后果。与人为善的交往应该是一种互利互助、促成"双赢"或"多赢"局面的交往。

企业之间"和而不同"的适度交往是保持企业各自独立性与特色、合作中仍然包含竞争因素的重要交往伦理。企业之间这种适度交往的伦理一旦被破坏会导致两种后果"：一种是交往伦理完全不同导致无法合作，一种是交往伦理完全相同导致没有竞争。这两种结果都是与竞合战略背道而驰的。正如孔子所说"君子和而不同，小人同而不和"，如果几个企业联合起来操纵市场价格、坑害消费者，就属于孔子所说的"同而不和"。

二、提升企业实施竞合战略的交往伦理水平的具体措施

有利于提升企业实施竞合战略的交往伦理水平的具体措施主要包括两方面：一方面是制定具体的交往伦理规范；另一方面是加强交往伦理的考核。制定具体的交往伦理规范就相当于儒家交往伦理中"礼"的制定。儒家的

"礼"是一个庞大的规范体系，儒家具体的"礼"绝大多数在现代已经不太合适了，企业所借鉴的是"礼"的思想原则以及"礼"的作用。现代企业交往伦理规范在某种程度上就是商务礼仪的问题。如果企业的员工都能遵循商务礼仪进行交往，那么至少对企业实施竞合战略不会造成不良影响。对交往伦理的考核就是对按着企业伦理规范做的员工要给予鼓励，对违反企业伦理规范的员工要惩罚。

第六章　儒家领导观与企业领导伦理

领导是企业的核心，企业领导有什么样的伦理观会直接影响企业文化和企业员工的伦理价值观。在过去甚至现在，绝大多数企业领导都被功利主义伦理观念主宰，重道义伦理的企业领导相对较少。但是随着社会的进步，无论是企业本身还是社会公众都认识到纯粹功利主义的企业，既不利于企业自身的长远发展，也不利于整个社会的进步，并且经常对利益相关者造成伤害。因此，越来越多的企业领导已经主动摈弃了功利主义的束缚，自觉地以道义伦理来指导企业经营。21世纪的企业领导者借鉴儒家领导观，对修身正己以及指导企业发展将是明智的选择之一。

第一节　儒家领导观

儒家领导观可以分为狭义领导观和广义领导观，狭义领导观仅指领导如何做人的问题，广义的领导观不仅包括做人的问题，还包括领导组织的指导思想和方式方法，以下从广义领导观进行概述。

一、"以人为本"的治国理念

儒家的"以人为本"一般直接表现为以民为本，并且与现代意义上的"以人为本"还存在本质上的差别。儒家的"以人为本"思想基本上与国家政治、政权的稳定有关，主要表现为拥有人的数量多，聚集优秀人才多，国家就会税收多、财富多、兵源充足，国家政权就会稳固。而现代意义上的"以人为本"一般指人性化管理，要把人当人看，不要把人当成机器一样对待，更为重要的是指人的全面发展的问题。儒家的"以人为本"虽然存在历史局限性，但仍然显示着中国很早就重视"人"与"仁"而不是"神"的伟大光辉。

孔子的"以人为本"思想主要体现在他的"仁本"理念之中。孔子对"仁"的论述相当多，如"君子务本，本立而道生。孝悌也者，其为仁之本与！""泛爱众""仁者爱人""仁者无不爱""博爱谓仁"。其中，"仁者爱人"表现在执政者身上就是要有爱民之心，实施仁政和德政，为老百姓谋利益，使老百姓能够安居乐业，与民同忧，与民同乐。孟子的"以人为本"思想主要表现为"诸侯之宝三：人民、土地、政事"。"民为贵，社稷次之，君为轻"（《孟子·尽心下》）、"桀纣之失天下也，失其民也。失其民者，失其心也。得天下有道，得其民，斯得天下矣。得其民有道，得其心，斯得其民矣"（《孟子·离娄上》）。孟子把"人民"当作诸侯国的三件法宝之一，认为老百姓比国家和君主都重要，并且举桀纣由于失去民心而失去天下之例，说明人民的重要性。荀子反复强调重民、爱民、利民。他认为："天之生民，非为君也，天之立君，以为民也。"（《荀子·大略》）"有社稷者而不能爱民、不能利民，而求民之亲爱己，不可得也。民不亲不爱，而求其为己用、为己死，不可得也。民不为己用，不为己死，而求兵之劲、城之固，不可得也。（《荀子·君道》）"君者，舟也；庶人者，水也。水则载舟，水则覆舟。"（《荀子·王制》）晏婴非常重视民众的地位与作用，把是否"以民为本"作为衡量国家的根本标准。晏婴认为，有国者应该"以民为本也。苟持民矣，安有遗道？苟遗民矣，安有正行焉？"（《晏子春秋·内篇问下》）强调保护和拥有百姓是治国之道的根本所在；而脱离和抛弃了百姓，就谈不上有什么正确之处。晏婴指出："意莫高于爱民，行莫厚于乐民……意莫下于刻民，行莫贱于害民。"（《晏子春秋·内篇问下》）意思是作为执政者，最伟大、最高尚的品德是爱民乐民，最低下、最卑劣的品行就是刻民害民。执政者只要"诚于爱民"，则"天下怀其德而归其义。"（《晏子春秋·内篇谏下》）主张政府在谋划国事、制定政策时，"事必因于民""不违民"（《晏子春秋·内篇问上》），即一定要依靠民众，顺应民众。刘备作为一个儒家学说的践行者，也深刻体会到"以人为本"的重要性，作为儒家学说的践行者最早完整地提出了"以人为本"的思想。他说："夫济大事必以人为本，今人归吾，吾何忍弃去！"中国古代其他学派也提出了"以人为本"的理念，但与儒家的"以人为本"有着明显的差别。是否是儒家的"人本"思想，最主要的要看是否以"仁"学为基础。

儒家"以人为本"的治国理念，不仅是中国的管理智慧，也能为世界其他国家所采用。牟钟鉴先生认为儒家"以人为本"的人文视野具有普世性。他认为儒家所说的"人"泛指一切人，所说的"天下"泛指人类社会，尽管为当时知识所限，他们不知道遥远地域上人群的生活，但概念的指向是普世性的，所以把"国家"与"天下"分开，后者超越了国与族的界限，推及于整个人类，可见儒家是超民族主义，本质上是世界主义的。

二、"中庸之道"是儒家的领导风格

简单地说，领导风格就是领导的思维与行为模式。中国古代传统的领导风格基本上可以分为三类，即儒家的"中庸之道"、道家的清静无为、法家的严刑峻法等模式。一般认为法家的严刑峻法，以力服人，失之太过；道家抱柔守雌，清静无为，失之不及。而儒家的"德主刑辅、宽猛相济"模式即被称为"中庸之道"。

中庸，也称中行、中道，源于上古的尚中和尚和思想，经孔子发展成为儒家思想的重要理念，至《礼记·中庸》形成完备的理论学说。它的核心含义是要求人们在待人处事、治国理政中时刻坚持适度原则，把握分寸，恰到好处，无过无不及，从而形成儒家独特的领导风格。社会上有人对"中庸之道"有些偏见，认为中庸就是和事佬，不愿意得罪人等，如果对"中庸之道"把握不到位，确实会让人产生一些消极的看法。但是，严格地说"中庸之道"是一种很高的、完美的境界。明代思想家朱熹在阐发孔子的中庸思想时认为，中庸是天下之至道、治国安邦的最高指导原则："不偏谓之中，不易谓之庸。中者，天下之正道；庸者，天下之定理。"这种思想在西方国家也有体现，柏拉图的学生亚里士多德设计政体的基本原则就是"为政尚中庸"。

三、"为国以礼"的"礼治"思想

"为国以礼"，用现代的话来说就是重视道德建设和制度建设。孔子主张所有的人都要按照"礼"所规定的制度和规范行事，提出"非礼勿视，非礼勿听，非礼勿言，非礼勿动"（《论语·颜渊》），尤其是领导者，只有依礼行事，才能树立威信："上好礼，则民莫敢不敬"（《论语·子路》），"上好礼，则民易使也"（《论语》）。孟子也非常重视执政者要依"礼"行事。他说："上无礼，下无学，贼民兴，丧无日矣"（《孟子·离娄上》）。荀子主张"礼法"兼用，但认为"礼"是根本，要先教化，后刑罚。他说："礼者，治辨之极也，强国之本也。"（《荀子·议兵》）"礼之于正国家也，如权衡之于轻重也，如绳墨之于曲直也。故人无礼不生，事无礼不成，国家无礼不宁"（《荀子·大略》）。"礼岂不至矣哉！……天下从之者治，不从者乱；从之者安，不从者危；从之者存，不从者亡。"（《荀子·礼论》）法律已经从荀子的"礼"中分离了出来，但国家的政治制度、道德礼仪规范仍然在"礼"的范畴之中。"礼，经国家、定社稷、序民人、利后嗣者也。"（《左传·隐公十一年》）儒家的"礼治"思想对于现代领导者来说就是要加强个人的道德修养，对组织而言就是要加强制度建设。

四、"为政以德"的"德政"思想

"为政以德"的"德政"与无道诸侯的"暴政"是相对的，孔子提出"为政以德"，即执政者要以德施政，对老百姓要实行惠政，要善待民众，先富后教，先惠后使，先教后杀，从而使"天下之民归心焉"。孔子认为，国家必然要依靠和使用老百姓，与"暴政"手段相比，"德政"手段在使用老百姓之前，执政者必须先给老百姓以实际利益："惠则足以使人"（《论语·阳货》）。老百姓人丁兴旺之后，执政者为他们首先要做的事情就是要"富之"，老百姓富裕了之后最重要的事情就是要"教之"（《论语·子路》），使其达到"富而好礼"（《论语·学而》）的目的。"德政"并不是不用刑罚，而是在"富之"和"教之"之后仍然违背礼法的人，必须进行刑罚。而"暴政"就是没使老百姓"富之"和"教之"之前就开始动用刑罚："不教而杀谓之虐，不诫视成谓之暴。"（《论语·尧曰》）孔子认为"德政"必须是"信政"，即必须是诚信政治，要取信于民。孔子强调，任何人都要"言必信，行必果"（《论语·子路》），从政者更应懂得"自古皆有死，民无信不立"（《论语·颜渊》），"上好信，则民莫敢不用情"的道理。《中庸》也说："不信民不从。"认为为政者要讲信用，否则人们就不服从、不跟从了。孟子的"德政"思想主要表现为，主张以德服人，反对以力服人。认为"以力服人者，非心服也，力不赡也。以德服人者，中心悦而诚服也"（《孟子·公孙丑上》）。孟子的"德政"思想具体表现为三个方面：①体恤和减轻百姓疾苦。孟子认为执政者应当以禹、稷等先贤为榜样，"思天下有溺者，由己溺之也"，"思天下有饥者，由己饥之也"（《孟子·离娄下》）；"老吾老以及人之老；幼吾幼以及人之幼"，然后"天下可运于掌"（《孟子·梁惠王上》）。执政者应当急民众之所急，认为"民事，不可缓也"（《孟子·滕文公上》）。孟子提出解决问题的具体措施主要有"薄税敛""取于民有制"（《孟子·滕文公上》）、不违农时、保护工商业、保护生态资源以利民生等。②让老百姓有"恒产"。"民之为道也，有恒产者有恒心，无恒产者无恒心"（《孟子·滕文公上》），孟子从理论上找到了实行"德政"的依据。③善于教化。"善政，不如善教之得民也。善政民畏之，善教民爱之。善政得民财，善教得民心。"（《孟子·尽心上》）意思是说，仅凭政令来管理国家，只能使老百姓畏惧，只能把财富集中到执政者手中；而良好的教育，可以使老百姓懂得做人的道理，从心灵上得到改造，从而赢得民心。《左传》也明确主张执政者要以德服人，反对以力服人。"德，国家之基也"（《左传·襄公二十四年》），"我之不德，民将弃我"（《左传·文公五年》），"民不见德而唯戮是闻，其何后之有"（《左传·僖公二十三年》），这充分说明了德政的重要以及暴政的危害必然是"多行不义必自毙"（《左传·隐公元年》）。这对现代领导者来说，多实行"德政"对组织的永续发展也是百利而无一害的事情。

五、"以天下为己任"的责任感

儒家的社会责任观，要求对己、对人、对家庭、对社会、对国家都要负责任，它的理想境界就是"以天下为己任"的责任感。在中国的传统文化中，仁人志士们当仁不让的历史使命感和义不容辞的社会责任感令后人为之动容、为之心向往。在当今市场经济条件下，依然能够激励企业界人士坚持和弘扬"以天下为己任"的民族责任感来经营我们的企业。

六、"举贤任能"是执政者的重要职责

任何一个国家或组织，领导者个人的素质固然非常重要，但绝对不是靠某一个领导就能管好一个国家或组织的，必须依靠一个管理团队才能管理好，所以，"举贤任能"就成为执政者的重要职责，同时也是一个优秀执政者个人素质之一。

孔子十分强调执政者个人的作用，充分认识到不"举贤任能"国家就不可能治理好，尤其是针对当时任人唯亲的社会现象，孔子提出"举贤才"主张是需要勇气的。他说："善人为邦百年，亦可以胜残去杀矣。诚哉，是言也。"（《论语·子路》）意思是说倘若贤德的人长期当政，就可以消除残暴和凶杀，孔子认为这个观点非常正确。孔子还说："举直错诸枉，则民服；举枉错诸直，则民不服。"（《论语·为政》）意思是说只有把正派的人提拔上来，放在邪恶人之上，民众才能服从；如果把邪恶的人放在正派的人之上，民众就不会服从。《大学》认为"见贤而不能举，举而不能先，命也。见不善而不能退，退而不能速，过也"。《中庸》认为，要想用好贤才，执政者必须杜谗佞，远美色，轻货利，行忠信，还要给予人才丰厚的待遇，"去谗远色，贱货而贵德，

所以劝贤也""忠信重禄，所以劝士也。"孟子认为"不用贤则亡"(《孟子·告子上》)，"不信仁贤则国空虚"《孟子·尽心下》)，主张"贵德而尊士""贤者在位，能者在职""尊贤使能，俊杰在位，则天下之士，皆悦而愿立于其朝矣"(《孟子·公孙丑上》)。要求君主要像商汤对伊尹、齐桓公对管仲一样，拜贤者为师："汤之于伊尹，学焉而后臣之，故不劳而王。桓公之于管仲，学焉而后臣之，故不劳而霸"(《孟子·公孙丑下》)。荀子特别强调为政需要"尚贤使能"，认为选人用人是关系到事业盛衰兴亡的大事："尊圣者王，贵贤者霸，敬贤者存，慢贤者亡，古今一也"(《荀子·君子》)，"君人者，爱民而安，好士而荣，两者无一焉而亡"。因此，英明的君主首先要做的事情是总揽人才："明主急得其人。"(《荀子·君道》)晏子非常重视人才。晏子说："有善不用，出政不行，贤人使远，谗人反昌"，"有贤不用，安得不亡"(《晏子春秋·内篇谏上》)。《左传》对选贤任能非常重视。"使能，国之利器也"(《左传·文公六年》)，"官人，国之急也"(《左传·襄公十五年》)，"善人在上，则国无幸民"(《左传·宣公十六年》)。贤能的人居于上位，朝廷里就不会有心存侥幸、投机取巧的人。所以领导者要"类能而使之，举不失选，官不易方"(《左传·襄公九年》)，以正确的原则和方法把人用好。当然，在错综复杂的宗法制社会，要求为政者完全做到"举贤任能"是很不容易的事情。

七、"修己正身"是为政者个人的基本素质

儒家为人塑造了一种最基本的发展模式，就是修身、齐家、治国、平天下，只有个人修养好、家庭管理得好，才能有资格去治理国家。可见，个人道德修养程度高、学识广博，是能成为领导的基本要求。

孔子认为，只有道德高尚的贤人才有资格成为执政者，所以他非常强调执政者要以身作则、率先垂范，"政者正也，子帅以正，孰敢不正"(《论语·颜渊》)，"其身正，不令而行；其身不正，虽令不从"，"苟正其身矣，于从政乎何有？不能正其身，如正人何？"(《论语·子路》)"欲政之速行也，莫善乎以身先之"(《孔子家语》)。并且孔子对从政者提出了具体的道德要求。子张问于孔子曰："何如，斯可以从政矣？"子曰："尊五美，屏四恶，斯可以从政矣。"子张曰："何谓五美？"曰："君子惠而不费，劳而不怨，欲而不贪，泰而不骄，威而不猛。"子张曰："何谓惠而不费？"子曰："因民之所利而利之，斯不亦惠而不费乎？择可劳而劳之，又谁怨？欲仁得仁，又焉贪？君子无众寡、无小大、无敢慢，斯不亦泰而不骄乎？君子正其衣冠，尊其瞻视，俨然人望而畏之，斯不亦威而不猛乎？"子张曰："何谓四恶？"子曰：

"不教而杀谓之虐，不戒视成谓之暴，慢令致期谓之贼，犹之与人也，出纳之吝，谓之有司。"（《论语·尧曰》）《大学》与《中庸》特别强调修身，并且阐明了修身对治国平天下（即成为领导者）的重要意义。对此有学者已经做了研究，认为《大学》与《中庸》之所以强调修身，主要理由有五个方面：第一，认为在国家一体、国家同构的宗法伦理社会，己、家、国、天下是一种由内及外的系列关系，修身、齐家、治国与平天下具有内在的统一性，而将它们联系起来、统一起来的内在共性就是"孝"；第二，认为修身与治人有着共同的规律，而且修身是起点和中心环节；第三，认为执政者能否做出榜样是国家政事的关键；第四，认为人与政治制度相比，人是活的能动因素；第五，只有修养好的人才能处理好德与财的关系。

孟子接受了先儒关于执政者个人对国家政治具有决定性作用的思想，认为执政者只有自身正派，才能行仁政，得人心，"君仁莫不仁，君义莫不义，君正莫不正。一正君而国定矣"（《孟子·离娄上》），"上有好者，下必有甚焉者矣"（《孟子·滕文公上》），"惟仁者宜在高位，不仁而在高位，是播其恶于众也"（《孟子·离娄上》）。

荀子要求君主重视修身。荀子说："闻修身，未尝闻为国也。"因为君主是臣民的表率；"君者，仪也；民者，景也。仪正而景正。"（《荀子·君道》）领导者自己修养得好，就能成为臣民好的榜样，从而影响臣民。

晏婴非常重视领导者的道德修养。其认为有德者才能保有天下，安服万民。齐景公倒行逆施，却想长保天下，并常常祈求天地鬼神保佑。对此，晏婴多次指出，祸福不在天而在人，认为只有"德厚足以安民，行广足以容众"（《晏子春秋·内篇谏上》）。他同时认为领导个人的修养直接影响整个组织的行为，即上行则下效，上贪则下脏。"越王好勇，其民轻死；楚灵王好细腰，其朝中多饿死人。"（《晏子春秋·外篇》）同样，晏婴所事的第一位君主齐灵王喜欢看妇女着男装，于是国都里的女子全都穿起男人的衣服。灵公对整个都城的妇女都穿男装的行为很不满意，于是派人去强行禁止，由于灵公仍然允许宫中的妇女继续穿男装，所以毫无效果。对此，晏婴对灵公说："君使服之于内，而禁之于外，犹悬牛首于门，而卖马肉于内也。"于是，灵公下令宫中妇女禁着男装，不到一个月，全国就再也没有妇女穿男装了。这从另一个层面说明领导者的品行修养的重要性。

《国语》强调只有德高方能任重，"不厚其栋，不能任重。重莫如国，栋莫如德""少德而多宠，位下而欲上政，无大功而欲大禄，皆怨府也"（《国语·鲁语上·子叔声伯辞邑》）。《左传》非常重视君德和官德的修养。有学者研究认为，为君、为官者应该勤俭廉洁、正确对待功名利禄、谦虚谨慎、胸怀宽广、严于律己。我们认为这也是对为政者最起码的要求。

第二节　企业领导伦理

一、领导伦理的重要性

儒家要求执政者实行"仁政""德政""礼治",即指明执政者行政时的伦理规范。为了保证执政者能够遵循所规定的伦理规范,同时要求执政者必须"修身正己",正如《国语》所强调的德高方能任重。

哈耶克认为,市场经济最重要的道德基础是责任感,这种责任感源自每个人对自己行为的一切后果的道德感。没有基于道德感基础上的责任感,任何职业都将失去它的社会价值。领导者的社会责任感越强,行动越自律,就越有创造性。亨利·法约尔认为:"领导者在道德品质方面必须具有深思熟虑地、坚决地完成任务的决心,具有毅力,必要时很勇敢而且勇于负责,有责任感、关心集体利益。"或许领导伦理的重要性可以用这句话来说明:人们能够原谅在管理中迷失方向的领导者,能够原谅在时间运用上效率低下的领导者,能够原谅无法实现良好人际关系的领导者,但是很难原谅不道德或者没有原则的领导者。

领导伦理是一个古老的问题,但具体到企业领导伦理的研究却是一个新的问题,仅仅在最近,才有一些伦理学家和领导研究者开始思考领导中的道德含义。为什么这个问题现在才引起人们的关注呢?美国组织学权威、圣迭戈大学管理学教授斯蒂芬·P.罗宾斯认为,其主要有两个方面的原因:原因之一,整个管理领域对道德问题产生了一种普遍兴趣;原因之二,根据传记作者的发现,许多过去的领导人,诸如马丁·路德·金、约翰·肯尼迪和富兰克林·罗斯福,都在道德方面存在一些欠缺。当然,针对美国前总统比尔·克林顿的伪证和其他指控而进行的弹劾听证会,更促使人们深思有关道德领导的问题。导致安然公司最终破产的事件——安然公司的高层管理人员及其安达信会计师事务所,以及它的文森-艾尔森法律事务所,都参与了多起违背道德的活动,使得公众和政治家们日益关注北美企业的道德标准问题。2003年哥伦比亚大学商学院成立了"领导与伦理研究中心",凸显了学术界对领导与伦理关系研究的重视。

二、领导伦理的主要理论及相关研究

（一）领导伦理理论概述

有学者认为，领导伦理理论（即领导德性理论），基本上是在两个领域展开的——领导行为的伦理道德理论和领导特征的伦理道德理论。这两大领域也反映了领导伦理从传统向现代的转向。这两个转向：一是从注重个体德性转向组织伦理道德以及二者的关系。并且指出，现代西方领导伦理理论研究已经把对个体道德性研究纳入社会、组织体系中，不仅研究个体德性，也研究组织道德，还研究组织道德与个体德性之间的互动性影响。二是从对德性本质转向对德性行为的关注，表现为更注重领导特征与领导行为的互动关系。并且指出，现当代领导伦理理论主要关注两个方面——领导的特征和领导的行为。领导特征理论是重点关注"以美德为本"的领导伦理理论。这一理论从领导者特征的角度处理伦理问题，着眼于领导应该是一个什么样的人，认为美德根植于个体内心深处和性情之中，美德与美德能力不是与生俱来的，而是通过后天的学习和训练获得的。领导特征理论告诉人们，想成为领导，首先就要培养"美德"。领导行为理论由马克斯·韦伯开创，这一理论涉及两大基本的理论类型：目的伦理理论和义务或责任伦理理论。具体地说，目的伦理理论是以人对其良好和高级目标的坚持程度来衡量人的行为。这种理论试图根据个体的行为是否达到了期望的结果来判断其正确与否。根据这种理论要判断领导者的行为是否正确，只要看行为的结果就可以了。其结果好，或者说实现了绝大多数人的利益最大化，就符合领导伦理，至于领导所采取的行为本身并不重要。目的伦理理论成为功利主义倾向的领导者采取行为的理论依据。责任伦理理论是强调责任和规则的理论，这种理论认为，一种行为是否符合伦理不仅要看行为的结果，而且要看行为本身是不是善，如是否诚实、守信、处事公平等。如果某企业领导用欺骗的手段到银行贷款，从而挽救了一个资金危机中的企业，最后，又如数地还了银行的贷款。这个假设中，领导行为的结果是好的，但是其欺骗的行为是不符合伦理道德的，正如理学家程颐所说："饿死事小，失节事大。"因此，从责任伦理角度看是完全不可取的。

（二）格林利夫的领导伦理观

罗伯特·格林利夫在 1970 年首次提出"仆人式领导"。他说"仆人式领导者首先是仆人"。他们想要服务，因此他们渴望领导。根据格林利夫的研究，仆人式领导有以下 10 项特征：①聆听（Listening）。仆人式领导以对方为优先，要透过用心聆听，触及别人的心灵，了解对方的想法和需求。聆听，并伴以经常性的反思，这对仆人式领导来说非常重要。②同情心（Empathy）。仆人式领袖尝试了解与同情对方，关注的不再是个人荣辱得失，乃是接纳与肯定团队内其他成员付出的劳苦，并予以欣赏。③医治（Healing）。疗伤之道是仆人式领导的强大武器，能够帮助他们跨越过渡转型、重组整合各个艰难时期。仆人式领导的一项强大之力就在于他能够帮助他人以及自己疗伤，一位经历过伤痛并已痊愈的领袖正是人们所期待的。④醒觉（Awareness）。醒觉，尤其是自我醒觉是仆人式领导的另一显著特征，他不会陶醉于过去或现在的成功，他知道有些时候需要被挑战、受搅动，才不会安于现状。⑤说服（Persuasion）。仆人式领导不是仗着职权或威信来统御，而是以"晓之以理，动之以情，析之佐据"的说式，劝服别人认同计划或工作，让人心服口服，而不是勉强为之。⑥概念化（Conceptualization）。仆人式领导敢于梦想，对他们来说，再过夸张的梦想亦有成为现实的可能。尽管这些人的想象力天马行空，但在处理问题时，却脚踏实地，能够巧妙地平衡概念化的意向与日常事务的现实情境，两者皆为必需。⑦先见（Foresight）。人非圣贤孰能无过，仆人式领导也会犯错误，但他却能够从实践中不断汲取教训，在行动中做出反思，从而获得对未来行为决策的先见。⑧管家（Stewardship）。人们所求于管家的，是要其有衷心。仆人式领导就怀有管家的衷心，为组织内成员服务，为组织所处的社区服务。⑨委身于他人成长（Commitment to the Growth of People）。仆人式领导用心帮助组织内的每一位成员成长，使人更强壮、更聪慧、更自由、更自主。⑩构建社群（Building Community）。仆人式领导不会"一将功成万骨枯"，他们要构建生生不息、基业长存的社群，并工作、服务于其中。仆人式领导的本质就是为组织的成员服务。

（三）伯恩斯的领导伦理观

詹姆斯·伯恩斯认为，变革型领导是建立在个人伦理的基础之上的。变革型领导者将他或她的有效性建立在与跟随者的关系上，主张领导者把追随者的道德责任推向一个更高的水平，宣称领导有道德上的维度。他认为对于领导者而言，把自己与追随者联系起来，帮助他们处理伦理观念上的冲突是极其重要的，这一过程中，领导者和追随者的联系将会提高双方的伦理水平。变革型领导关注他人的成长和自我实现，并根据这些人的潜能来评价他们。这种领导风格明确并提高了其他人的价值观和动机。他或她授权、教导和帮助提升其他领导者。这种领导是道德的，因为它提升了人的行为层次，激励了领导者和被领导者，因此给双方都带来了变革效用。

（四）黑夫兹的领导伦理观

黑夫兹是一名精神病学家。他认为，领导包括运用权威去帮助追随者，在快速变化着的工作环境和社会文化中处理冲突，它涉及工人的价值观和他们所在的组织和社区的价值观。领导者必须运用权力来动员人们去面对棘手的问题，通过信任、培养和移情来营造让追随者感受到支持的环境，追随者获得安全感，领导者的责任在于帮助其追随者努力奋斗，以适应环境变化并促进个人成长。

（五）佩因的领导伦理动机研究

林恩·夏普·佩因（Lynn Sharp Paine）在她的著作《公司道德：高绩效企业的基石》列举了在工作中联系领导者和伦理的多种动机。①有的经理人相信，高度的道德标准和企业成功有着必然的联系。②有人把道德承诺当成构建客户信任的基础。③有人认为正直的声誉有助于吸引和留住优秀员工。④有人希望自己的企业能够成为社会的道德模范。⑤有人想避免与法律发生任何冲突。⑥有人索性简洁而又实际地说，不良品行威胁着各种不同层次的领导者，甚至那些自己并未卷入的人也会在声誉上、经济上受到损失，并且指出不良品行的社会和经济成本可能包括：失去客户和销售额；人员变动增加，失去优秀员工；士气受挫，经理人和员工们愤世嫉俗；股价下跌，净收益下降；资源浪费，执行不力，导致高运营成本；额外的法律费用，可能发生的赔偿、罚款和转让成本；贷方和投资者强加的高额资金成本；⑧失去公众信任和信誉；失去财务生存能力，最终企业失败。

（六）高伦理水平公司的特征研究

马克·珀什廷（Mark Pastin）研究了25家"伦理水平高，营利能力强"的公司发现，虽然高伦理水平公司的名单会发生变化，就像"基业长青"公司的名单会发生变化一样，但是珀什廷发现可以用4条原则来描述这类伦理标杆公司，以便于理解伦理有效的企业。

原则1：高伦理水平的公司与各种内外部利益相关者群体打交道时很自然。这些公司的基本原则是将这些利益相关者群体的利益视为公司利益的一部分。

原则2：高伦理水平的公司坚持公正。他们在基本原则中强调其他人的利益与公司自身的利益同等重要。

原则3：在高伦理水平的公司，责任是针对个人的而非集体的；个人要对公司行为承担责任。这一基本原则规定个人要对他们自己的行为负责。

原则4：高伦理水平的公司认为，公司行为自有其目的，是公司成员推崇的经营方式。而且这种目的能将公司与其环境联系起来。

詹姆·斯奥图在其著作《先锋管理》（Vanguard Management）中指出道德良好的成功企业的关键特征如下：

（1）它们试图满足自己所有的支持者——客户、员工、业主、供应商、经销商、社区居民和政府。它们赞成功利主义理想——最大多数人的最大利益。

（2）它们致力于高尚宽泛的目标。利润被看成实现更高目标（公益和生命的质量）的基本手段。

（3）它们不断学习、投入资源，努力保持领先和应对变革。它们把员工的成长和发展看成事业成功的重要基础。

（4）无论它们做什么，都力图做到最好。它们的绩效标准不断提高。卓越的产品和服务是它们的组织承诺，也是它们骄傲的来源。

根据上述研究，大致可以概括出高伦理水平公司的特征：①善于处理利益相关者的关系；②坚持公平、公正；③社会责任感强；④善于学习，精益求精；⑤有比利润更高的企业目标。

（七）高伦理水平的领导研究

乔治·曼宁、肯特·柯蒂斯等认为，一般而言，影响道德形成的力量主要有三种：①社会交往；②书籍和媒体；③自我意识。由于一个人道德形成过程中所受到的主要力量不同，因此一个人的道德水平也有高有低。一个人的道德水平正是其领导力的重要维度之一，它决定了人们是否信任他、尊重他。

根据美国心理学家劳伦斯·柯尔伯格的道德发展阶段理论，即三层次六阶段理论。三层次指前习俗水平层次、习俗水平层次和后习俗水平层次。六阶段即每个层次分别包括依次推进的两个阶段。前习俗水平层次包括道德发展的第一阶段和第二阶段，这两个阶段具有自我中心倾向，都纯粹只是关心自己，表现出利己主义倾向。习俗水平层次包括第三和第四两个道德发展阶段，这两个阶段具有团体倾向，为了赢得他人的赞同，基本上都遵从常规、惯例行事。后习俗水平层次包括道德发展的第五阶段和第六阶段，这两个阶段具有自我约束和高度的原则性倾向，是道德发展的最高水平阶段。通常都形成了自己的可能凌驾于社会法律之上的伦理观点和主张。但柯尔伯格发现，第五阶段、第六阶段只在 20% 的成年人身上典型地体现出来，只有 5%～10% 的人能够一贯地维持在第六阶段上。并且，柯尔伯格理论认为，人们在向高一级道德发展阶段前进时，不可能跳跃某个阶段。但当一个人遇到伦理困境时，会对自己现有的道德发展水平不满意，就可能指向下一个水平。目前思维阶段的局限性，推动着道德发展，使得每一个发展阶段都比前一个阶段更为适当。

柯尔伯格用"海因茨伦理困境"的案例来说明伦理水平的依次发展，以及对每个阶段的伦理表现进行了具体说明。"海因茨伦理困境"的背景就是"海因茨在欧洲偷药"引发的伦理思考。

第一阶段（服从），海因茨不应该偷药，因为他会因此被捕入狱，意味着他成了一个坏人。或者，海因茨应该偷药，因为药只值 200 美元，而药剂师要价太高，海因茨曾经提出付钱，而且他又没有偷别的东西。

第二阶段（利己），海因茨不应该偷药，因为监狱是个可怕的地方，而且他所思念的妻子可能活不到他出狱的时候。或者，海因茨应该偷药，因为如果他的妻子获救，就会活得更快乐，即使他被捕入狱服刑。

第三阶段（一致），海因茨不应该偷药，因为偷窃是坏事，而他不是一名罪犯。或者，海因茨应该偷药，因为这是他妻子的盼望，他做了好丈夫该做的事。

第四阶段（法律与秩序），海因茨不应该偷药，因为法律禁止偷窃，这是非法的。或者，海因茨应该偷药，因为这是为了他的妻子，但仍然必须为所犯的罪行接受惩罚，并将自己所有的钱付给药剂师。

第五阶段（人权），海因茨应该偷药，因为每个人都有选择生活的权利。或者，海因茨不应该偷药，因为科学家有权得到公平的报偿，即使他的妻子生病了，也不能证明他的行为是正确的。

第六阶段（普遍的人类伦理），海因茨应该偷药，因为拯救生命的价值高于尊重他人的财产权。或者，海因茨不应该偷药，因为其他人也可能急需这种药，也要考虑他们的生命的价值。

根据柯尔伯格的理论以及"海因茨伦理困境"的分析可以推出，只有到了第五阶段、第六阶段，形成了自己的甚至是凌驾于法律之上的、有利于组织和社会进步的伦理观或主张的领导才能称得上是高伦理水平的领导。

高伦理水平的领导应该具有人性化的价值观。有学者总结了人性化领导的六种价值，这六种价值对不同领域、不同层次的领导都适用。

（1）诚实——了解自己，任何时候都对别人诚实。

（2）体谅——希望别人怎样对你就怎样对别人。

（3）责任——要有这样的心态：你让生活是什么样，它就会是什么样；要努力有所改变。

（4）坚持——要坚毅，如果开始并不成功，努力、再努力。

（5）卓越——铭记这条座右铭：任何事情只要值得去做，就值得做好。

（6）义务——把生命的本质视为爱某些人和做某些事。

此外，亚里士多德认为，一个人应该具备以下美德：勇气、节制、宽容、自我控制、诚实、好交际、谦虚、公平和正义。彼得·诺恩豪斯认为，领导者的德性应由尊敬、服务、公正、诚实、团队建立五大方面构成。安德鲁·J.杜伯林认为五种道德的领导行为构成了领导道德的基本原则：要诚实、可以信赖和正直；关注所有的利益相关者；建立共同体；尊重个人，默默地取得胜利。

综上所述，高伦理水平的领导应该具有的共同特征：①有自己的符合社会进步的伦理观；②懂得和坚持人性化管理；③具有仆人式的服务意识；④关注所有的利益相关者；⑤责任心强；⑥诚实守信；⑦公平、公正。

（八）伦理领导失败的主要特征研究

领导者未能履行他们对股东和利益相关者的法律责任和伦理责任的例子很多。法墨公司（Phar-Mor）的前任 CEO 米希·莫努斯（Micky Monus）、太阳光公司（Sunbeam）的前任 CEO 邓拉普（Dunlap）等在公司经营方面都取得了惊人的业绩，他们甚至被称为"当地英雄"，可是他们所拥有的鼓动才能、企业家个性和领导才能却有着阴暗的一面，即贪婪、欺诈、盗窃以及虚假交易。在中国也存在很多这样的例子，如伊利集团前任董事长郑俊怀，公司经营得很好，同样存在挪用公款等违背法律和伦理的阴暗面。

有学者研究发现，伦理领导失败具有 7 个特征，这些特征是检查 CEO、团队领导以及个人的领导短视行为的实用放大镜。

（1）伦理盲（Ethical Blindness）：由于不注意或无能，他们没有意识到伦理问题。

（2）伦理哑巴（Ethical Muteness）：他们不会或不用伦理语言或伦理原则。价值观只是"说一说"而不是"按照说的去做"。

（3）伦理不连贯（Ethical Incoherence）：看不出他们所谓的价值观中的不一致性。例如，说他们看重责任但是却只根据数量进行业绩奖励。

（4）伦理麻痹（Ethical Paralysis）：由于缺乏知识或害怕行为结果而不能按照他们的价值观采取行动。

（5）伦理伪善（Ethical Hypocrisy）：不执行所拥护的价值观，他们将自己不愿做或不能做的事情分配给别人。

（6）伦理精神分裂（Ethical Schizophrenia）：没有一致的价值观；他们在工作中是一种做法，在家里又是另一种做法。

（7）伦理自满（Ethical Complacency）：认为像他们这种人不会犯错，认为自己不会有不伦理的行为。

在企业伦理日益受到关注的时代，企业领导如何提升伦理水平，检查和克服伦理领导失败的特征，力争达到高伦理水平和高绩效，应该成为每个企业领导者以及未来的企业领导者高度重视的战略问题。

第三节　借鉴儒家领导观塑造现代企业领导伦理

一、儒家领导观与现代企业领导理论的相关性分析

（一）儒家的"人本"思想与现代企业的人性化领导

儒家"人本"理念与现代意义上的"人性化领导"存在本质上的差别。儒家"人本"思想的伟大，首先是因为其在 2 000 多年前就已经被明确提出，其次儒家"人本"思想以"仁"为基础。但是，由于历史的局限，在具体的领导、管理过程中对人的所有需求、发展的了解很不够，在生产力不发达的农业社会也不可能满足人们的需求。现代意义上的人性化领导主要指领导者应该坚持诚实、体谅、责任、坚持、卓越和义务等价值观念。这些价值观念并不比儒家的思想境界高，但比儒家"人本"思想更加具体、可行。其中，两者之间最大的共同之处就是对人的重视。随着科学管理的发展，"人本"管理逐渐成为主流管理思想，在"人本"管理时代，领导缺乏"人本"理念将是不道德的。

（二）儒家的"中庸之道"与现代企业的领导风格

简单地说，儒家的"中庸之道"就是要求人们在待人处事、治国理政中时刻坚持适度原则，把握分寸，恰到好处，无过无不及，从而形成儒家独特的领导风格。现代领导学中，领导风格就是当领导者试图去影响下属的行为

时所采用的、被下属感受到的行为模式。领导风格论研究者认为领导行为由两种最基本的行为组成：任务行为（Task Behavior）和关系行为（Relationship Behavior）。下面介绍几种具有代表性的领导风格。

温勒等的独裁式、参与式、放任式领导风格分别有点类似中国古代的法家、儒家、道家的领导风格，其中，温勒等的参与式与儒家的"中庸之道"应该有某种相通之处。

俄亥俄州立大学的研究者将领导行为分为"重结构"（Initiating Structure）和"体贴人"（Consideration）两类。"重结构"就是以工作为中心的领导风格；"体贴人"就是以人为中心的领导风格。密歇根大学的研究者将领导行为分为以员工为中心与以生产为中心的两种领导风格。员工中心导向就是重视人际关系，把员工当作真正的人来看待，尊重他们的个体差异并特别重视他们的个体需要。员工导向维度与俄亥俄州立大学研究中的关怀维度是一致的。生产中心导向强调生产和技术方面，员工被看成达成目标的工具，生产导向的行为与俄亥俄州立大学的结构维度类似。布莱克和莫顿的管理（领导）方格理论也是将领导行为归结于两类，即对人的关心和对生产成果（或任务）的关心两类领导风格。基本上与前面两种研究类似。研究的共同之处是采用非此则彼的二分法，没有领导风格的中间地带，也就是各自走向两个极端。对于儒家的"中庸之道"而言，必然会对其进行改造而后用。儒家"中庸之道"的领导风格必然会走上既重视结构又会体贴人、既重生产又重视员工、既关心人又关心生产成果的领导风格。

美国学者在《团体动力学》中提出，群体的目的可以概括为达成特定目标、维持及强化团体关系、两者兼顾三种情况。领导模式也就相应地分为三种：目标达成型（P型）（Performance）、团体维持型（M型）（Maintenance）和两者兼备型（PM型）。其中两者兼备型就是既重生产也重视人际关系的领导风格，可以说与儒家"中庸之道"的领导风格是不谋而合的。

（三）儒家"修己正身"思想与现代企业领导的伦理素质

儒家相信高超的道德可以通过不断的修炼而成。西方近现代的研究者基本上都认为高尚的道德是后天磨炼而成的。尽管在德性如何形成这一问题上人们认识不一，但放弃德性天赋说，而注重德性实践论，却是近现代研究领导德性的一个基本趋势。

儒家通过修身、齐家、治国、平天下这样一个逐级提升的途径来实现理想的大同社会的目标。这与美国心理学家劳伦斯·柯尔伯格的道德发展阶段理论（即三层次六阶段理论）有相似之处，即高尚的道德是由低层次到高层次逐渐形成的。

　　儒家强调"修己正身"，对领导的重要性与现代企业要求高领导伦理水平的重要性是一致的。《论语·子路》说："其身正，不令而行；其身不正，虽令不从"，"苟正其身矣，于从政乎何有？不能正其身，如正人何？"《孟子·离娄上》说："惟仁者宜在高位，不仁而在高位，是播其恶于众也。"《荀子·君道》说："君者，仪也；民者，景也。仪正而景正。"《晏子春秋·内篇谏上》说："德厚足以安民，行广足以容众。"并且认为领导个人的修养直接影响整个组织的行为，即上行则下效，上贪则下脏。《国语》强调只有德高方能任重："不厚其栋，不能任重。重莫如国，栋莫如德。"正如前面所论述的，无论是哈耶克、亨利·法约尔还是斯蒂芬·P.罗宾斯都认为，企业领导的伦理素质是非常重要的，人们可以原谅一个能力不强的领导，但不能谅解一个没有道德责任感的领导。包莫尔在论述企业家的十大条件中，其中合作精神、勇于负责、敢担风险、尊重他人、品德超人五条都牵涉企业领导伦理问题。西方学者一般都认为，领导者的一言一行对其他人都有巨大的影响，领导者的行为比任何备忘录、指示、铜管乐队都更有感染力。领导者的行为为员工们彼此交往奠定了基调，也决定了他们的工作表现。

　　儒家"修己正身"的内容与现代企业领导伦理素质有许多共同之处。儒家"修己正身"要求为君、为官者应该具有强烈的社会责任感、要诚实守信、勤俭廉洁、正确对待功名利禄、谦虚谨慎、胸怀宽广、严于律己。国外对企业领导的品德要求也很高。例如，某国企业界要求领导者应具有10种品德。①使命感：无论遇到什么困难，都要有完成任务的坚强信念。②信赖感：同事之间、上下级之间保持良好的关系，互相信任与支持。③诚实：在上下级之间和同事关系中，要有真心实意，以诚相待。④忍耐：具有高度的忍耐力，不能随意在下属面前发脾气。⑤热情：对工作认真负责，对同事与下级热情体贴。⑥责任感：对工作敢负责任。⑦积极性：对任何工作都要主动，以主人翁的态度去完成。⑧进取心：能在事业上积极上进，不满足现状。⑨公平：对人对事都要秉公处理，不徇私情。⑩勇气：有向困难挑战的勇气。

二、现代企业领导伦理的九大要素

　　借鉴儒家领导观，吸取国外领导伦理研究的优秀成果，根据时代发展的需要，现代企业领导伦理应该包含以下九大要素。

（一）"人本"思想

无论从儒家的"人本"理念出发，还是现代"人本"时代的到来，都要求领导者坚持"人本"管理，缺乏"人本"理念的领导是不道德的。比尔·盖茨对于微软的成功领导，使其成为全球软件业的霸主，但这个目标是通过极端的命令和服从的工作文化为手段而实现的。微软的企业文化要求员工工作时间很长，并且不能容忍那些在工作和生活中维持平衡的个体。微软的竞争对手以及美国的政府协调人员都认为，这种加压式和竞争性的企业文化正是大量不道德活动的祸起缘由。这种企业文化和不道德活动自然应该归咎于微软的领导者。

（二）团队、竞合精神

团队建设是提升企业竞争力的有效方法之一。一个有道德的领导者重视团体每一个人的意见和想法，关心集体，关注所在社区的利益。由于涉及共同目标，这就意味着领导者不能把目标强加于别人，而应确立与每个人的工作意图都能和谐一致的目标，领导者既强迫他人，也不能忽视他人的意愿。

团队建设主要针对企业内部管理而言，竞合战略主要针对企业与外界关系的处理而言。在现今社会，企业领导者应该具备竞合精神。但是，竞合战略不是企业单方面能够完成的战略，必须依靠合作方的积极有效的配合才能成功。竞争与合作是对立统一的关系，如何协调好对立统一的度，使适度的对立更有利于合作效率的提升，最终达成"双赢"或"多赢"的目标，这就要求企业在与合作方的交往中加强交往伦理管理。对此，儒家"和为贵"的思想具有积极的借鉴意义。

（三）强烈的社会责任感、使命感

儒家以"以天下为己任"的责任感和使命感、"平治天下，舍我其谁"的勇气，激励着无数的炎黄子孙为社会的和谐发展而自强不息地奋斗。从企业社会责任的发展历史来看，它大致经历了三个阶段，即19世纪以前企业不承担社会责任阶段；19世纪企业家对社会责任的觉醒阶段；20世纪以后企业主动承担社会责任阶段。到目前为止，企业社会责任在国内外基本上形成了一种共识，企业领导应当明确地把承担社会责任作为其固有的责任，否则就是不符合领导伦理。

（四）逐步形成自己的符合社会进步的伦理观

这是根据柯尔伯格的三层次六阶段理论而提出的一个高标准要求。企业的高层领导者最好能够形成自己的甚至是凌驾于法律之上的、有利于组织和社会进步的伦理观或主张。达到了这种高伦理水平的领导，在企业的经营管理过程中才会达到孔子所说的"从心所欲，不逾矩"的道德境界。

（五）具有仆人式的服务意识

格林利夫认为仆人式领导者首先是仆人。因为想为别人服务才选择当领导。原始儒家领导思想中虽然没有直接阐述仆人式的服务意识，但后来范仲淹的"先天下之忧而忧，后天下之乐而乐"的思想正是仆人式服务意识的体现。

（六）把企业利益与利益相关者的利益同等看待

有学者认为，利益相关者是指能影响组织行为、决策、政策、活动或目标的人或团体，或是受组织行为、决策、政策、活动或目标影响的人或团体。这个概念很精炼，但有一个不足就是，没有把"自然环境"归属到利益相关者当中。自然环境对企业的影响以及企业对自然环境的影响已经是确切无疑的事情。由于现代企业对环境、经济和公众的影响是一项复杂且必要性日益增长的工作，所以利益相关者方法（Stakeholder Approach）应运而生。利益相关者管理建立在道德规范的基础上，这些道德规范迫使企业协调好与企业利益相关者和股东的信托关系。由于企业的利润最大化目标受制于社会公正，这个公正不仅指个人权利，还应扩展到所有在企业事物中有利益的群体。因此，企业领导必须把利益相关者的利益与企业自身的利益同等看待，否则将是不道德的。

（七）"成就人"的思想

张体勤教授撰文认为，2 500 多年前，先哲孔子就曾经提出，"君子成人之美，不成人之恶"，"己欲立而立人，己欲达而达人"。成人之美是一种高尚的品德，成就他人需要有宽广的心胸、助人为乐的精神和施恩不图报的气度。

历览古今中外，先成就他人，尔后自己可以成就一番事业。

坚持成就人，是一种符合时代要求的科学管理理念。一个真正民主开明、心底无私的领导者，应该清醒地意识到：一方面，任何事业的发展都靠人，需要全体成员的共同努力和奉献创造；另一方面，每一位成员的个人利益也不能忽视，只有充分回报每一位成员的价值观，才能使每位成员真正融入组织之中，更富有创造性地投入工作。

成就人，从本质上反映了对人的重视、认同和尊重。成就人，是一种超越于单纯的干部与群众、领导与百姓、上司与下属的工作关系，而极富有人文关怀色彩的管理理念。成就人，是发自领导者内心深处的对人的重视、认同与爱护，而不是那种为了迎合他人而表现出的虚情假意和表面文章，也不是刻意讨好人而"作秀"，更不是怀有某种目的的笼络人和收买人心。善于、乐于、勤于成就他人，体现的是领导者的一种坦诚胸怀，反映的是一种工作方法，揭示的是一种责任使命，表现的是一种领导艺术。

成就人，就要关注人的长远发展。一个人无论资历深浅、水平高低，无不希望能够施展自己的才华，在实现组织目标的同时实现个人的人生价值。

（八）诚信

诚实就不要说谎，要说真话，要与他人敞开心扉，尽量全面和完整地呈现事实。达拉·科斯塔认为，诚实是比不欺骗程度更深的范畴。对于组织内的领导者而言，诚实意味着"不要对做不到的事情做出承诺，不要歪曲事实，不要找借口，不要推卸责任，不要逃避义务，不要以商业领域的竞争压力为托词来规避尊敬他人尊严和人格的义务"。组织有义务去认识诚实的必要性，并且对组织内的诚实行为给予奖励。儒家特别强调"诚信"，认为"诚信"是立业之本，是现代企业和市场经济体制必须奉行的生存信条；对于领导者来说则更加要讲"诚信"。孔子说："上好信，则民莫敢不用情。"（《论语·子路》）即领导者诚恳信实，百姓就没有人敢不说真话。领导诚信才会具有强大的凝聚力。

（九）公平、公正

有道德的领导者对公平和公正的问题倾注了极大的关注，他们认为，平等地对待每一个下属是一个原则性的问题。领导者要在决策过程中把公平放在核心地位。领导者在雇员的升黜赏罚中起关键作用，领导者在组织内部要公平地分配利益和责任。

参考文献

[1] 黄少英，王璟珉，刘侠. 企业伦理与社会责任 [M]. 大连：东北财经大学出版社，2015.

[2] 魏文斌. 企业伦理与文化研究 [M]. 苏州：苏州大学出版社，2013.

[3] 曹凤月. 企业文化与企业伦理研究 [M]. 北京：光明日报出版社，2014.

[4] 叶陈刚. 企业伦理与会计道德 [M]. 大连：东北财经大学出版社，2008.

[5] 温宏建. 中国企业伦理：理论与现实 [M]. 北京：首都经济贸易大学出版社，2010.

[6] 朱金瑞. 当代中国企业伦理模式研究 [M]. 合肥：安徽大学出版社，2011.

[7] 宋伟. 社会转型时期中小企业伦理建设研究 [M]. 北京：清华大学出版社，2014.

[8] 叶陈刚. 企业伦理与文化 [M]. 北京：清华大学出版社，2007.

[9] 陈少峰. 企业文化与企业伦理 [M]. 上海：复旦大学出版社，2009.